家常食材科学选购与加工丛书

粮豆食材科学选购与加工

施能浦　胡七金　主编

金盾出版社

内 容 提 要

粮豆产品是维系生命最重要、最基础的食材。本书重点介绍了稻米、麦面、玉米、高粱、杂粮、薯芋以及豆类等二十类产品的营养价值、保健功能、科学选购、科学保鲜和加工方法，主要内容包括：粮豆食材资源与食性、粮豆食材的识别与选购、粮豆食材保鲜与贮藏、粮豆食材科学搭配与食品加工等。

本书可帮助广大读者了解我们所食用的粮豆食材的源头，以及它们与健康的密切关系，旨在让家家户户吃出"营养"，吃出"健康"，吃出"安全"。

图书在版编目(CIP)数据

粮豆食材科学选购与加工/施能浦，胡七金主编. —北京：金盾出版社，2013.8

(家常食材科学选购与加工丛书/施能浦，丁湖广主编)

ISBN 978-7-5082-8376-0

Ⅰ.①粮… Ⅱ.①施…②胡… Ⅲ.①粮食—选购—基本知识②豆制食品—选购—基本知识③粮食加工—基本知识④豆制食品—食品加工—基本知识 Ⅳ.①F762②TS21

中国版本图书馆 CIP 数据核字(2013)第 090803 号

金盾出版社出版、总发行

北京太平路 5 号(地铁万寿路站往南)

邮政编码：100036 电话：68214039 83219215

传真：68276683 网址：www.jdcbs.cn

封面印刷：北京凌奇印刷有限责任公司

正文印刷：北京军迪印刷有限责任公司

装订：兴浩装订厂

各地新华书店经销

开本：850×1168 1/32 印张：4.5 字数：108 千字

2013 年 8 月第 1 版第 1 次印刷

印数：1～7 000 册 定价：12.00 元

家常食材科学选购与加工丛书编委会

序

健康长寿是中华民族传统的一句美好的祝词，也是人们终生的愿望与追求。而健康的第一大基础就是“食”，故“民以食为天”流传千古。食材范围广泛，包括粮豆、畜禽、肉、蛋、奶、鱼、蔬菜、瓜果和菇菌类等。世界卫生组织提出要合理膳食，推荐每日健康食谱为“一荤、一菇、一素”。“荤”指的是畜、禽、鱼等动物类食品；“菇”指的是各种食用菌的总称；“素”指的是蔬菜、水果。这种“三三制”饮食结构已成为 21 世纪人类饮食结构调整、合理膳食的向导。

改革开放以来，我国经济发展迅速，尤其是农、林、牧、副、渔产业发展速度较快，产量大幅度增加，绿色食品种类不断增加，为市场提供了大量食材，也为食品加工业提供了丰富的原料。同时，在生产发展过程中，也出现了产品质量安全不达标，或者掺假使杂、鱼目混珠等现象，致使市场食品质量受到影响。随着 2006 年《中华人民共和国农产品质量安全法》的实施，广大民众的食品安全意识增强，对食品质量安全的要求也不断提高，对食材的性能和储藏加工，以及一日三餐膳食结构调整十分关注。

为迎合时代潮流发展和亿万家庭日常生活的实际需要，我们编写了这套丛书。参加编写的作者都是具有着扎实理论基础和长期实践经验的资深专家、学者。此套丛书涵盖范围广，涉及粮豆、畜禽、水产、果品、蔬菜、菇菌六大类食材，共 6 册，每册 10 万字左右。丛书通俗易懂、简约大方，内容注重实用性和易操作性，全面介绍了百姓日常生活所需食材的营养成分和药理功能，商品优劣的识别，家庭实用储藏保鲜与加工技术，以及食物科学搭配，养生食谱的调制厨艺等内容。经过有关专家学者的辛勤耕耘，这套丛书已陆续问世，期望能为普通百姓家庭提供系列的、贴近生活实际的科学知识，改善膳食，提高生活质量！

福建省农林大学食品科学学院院长

福建省农林大学食品科学技术研究所所长

福建省食品添加剂工业协会理事长

福建省营养学会副理事长

福建省食品科学技术学会副理事长

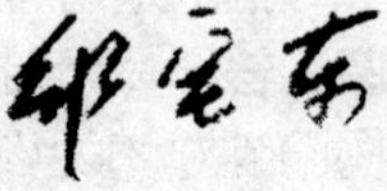

前　言

“民以食为天，食以粮为先”。粮豆是人类有史以来赖以生存的最基本的食材。本书详细介绍了我国稻谷、小麦、玉米、高粱、甘薯、马铃薯、大豆以及其他杂粮的营养成分及保健作用，为消费者选购所需产品提供了科学依据；还介绍了如何通过感官、物理、化学方法正确选购优质、安全的粮豆食材，以及粮豆食材的保鲜方法和加工方法。

现代人对饮食有三大基本需求，即吃得营养，吃得健康，吃得安全。营养专家建议，多吃五谷杂粮，有益身体健康。这是因为五谷杂粮富含人体所需的碳水化合物、蛋白质、脂肪、维生素、膳食纤维以及矿物质元素，是营养的宝库，是人类生存、生命营养补给的基础物质，可吃出“营养”；但因各种作物所含营养元素不同，要相互搭配食用，才能达到膳食结构合理，规避现代病，吃出“健康”；食用五谷杂粮又要注意选材的“安全”性，起码是无公害食品，最好是绿色食品、有机食品，避免农药等有害物质造成中毒，才能吃出“安全”。

本书花费大量时间进行调查、思索、整理，终于编就。在此感谢福建超大现代农业集团为其提供的写作平台。文中援引了粮豆生产者、经营者、食品营养专家、膳食专家的一些材料，在此由衷表示感谢。

限于作者水平，文中错漏之处在所难免，敬请读者批评指正。

编　者

目录

第一章　粮豆食材资源与食性 …………………………… 1
一、粮豆食材资源丰富 …………………………………… 1
二、粮豆是生命的基本营养要素 ………………………… 2
三、粮豆的保健作用 …………………………………… 12
四、粮豆饮食文化的传承与发展 ……………………… 26
第二章　粮豆食材的识别与选购 ……………………… 31
一、粮豆商品类型 ……………………………………… 31
二、粮豆商品上市的先决条件 ………………………… 44
三、粮豆商品的识别与选购 …………………………… 51
第三章　粮豆食材保鲜与贮藏 ………………………… 68
一、粮豆食材变质原因 ………………………………… 68
二、大米及其制品的贮藏 ……………………………… 70
三、面粉及其制品的贮藏 ……………………………… 72
四、家用玉米及其制品的贮藏 ………………………… 76
五、薯芋的保鲜贮藏 …………………………………… 77
六、杂粮的贮藏 ………………………………………… 79
七、豆类及其制品的贮藏 ……………………………… 80
第四章　粮豆食材科学搭配与食品加工 ……………… 85
一、粮豆产品搭配食用的重要性 ……………………… 85
二、大米类营养保健食品的加工 ……………………… 92
三、麦面类营养保健食品的加工 ……………………… 98
四、玉米营养食品的加工 ……………………………… 103

五、高粱食品的加工 …………………………………… 105
六、小米食品的加工 …………………………………… 108
七、甘薯(地瓜、红薯)营养保健食品的加工 ……………… 110
八、马铃薯(土豆)营养保健食品的加工 ………………… 116
九、芋头营养保健食品的加工 …………………………… 118
十、魔芋营养保健食品的加工 …………………………… 120
十一、山药营养保健食品的加工 ………………………… 122
十二、大豆营养保健食品的加工 ………………………… 124
十三、绿豆营养保健食品的加工 ………………………… 129
十四、红小豆营养保健食品的加工 ……………………… 131
十五、豇豆营养保健食品的加工 ………………………… 133

第一章 粮豆食材资源与食性

据分析，中国人饮食中大约有90%的热能和80%的蛋白质来源于粮食。“民以食为天，食以粮为先”。粮豆是我国13亿多人口赖以生存的基本食材来源。

一、粮豆食材资源丰富

我国粮食总产量居世界首位，至2012年，实现连续9年丰收，为人们日常生活提供了丰富的食材。

(1)稻谷 2012年，我国稻谷播种面积约30 351千公顷，总产量达2.038亿吨。改革开放以来，水稻单产增长4.4倍，优质水稻产量已占稻谷总产量的72%以上。早稻由于生育期较短和高温逼熟，米质较差；中稻、单季晚稻及双季晚稻占总产量的83%左右，米质较好，是食用选材的主要对象。

(2)小麦 我国常年小麦播种面积达23000千公顷左右，主要集中在黄淮海流域，占总面积的75%，总产1亿吨左右。全国有60%的人以小麦为基本口粮，是北方地区的主粮。过去，我国优质小麦主要靠进口。现在，国产优质小麦已占小麦总产量的61%以上，在数量和质量上可代替进口小麦，满足了面粉加工业的需求。

(3)玉米、高粱 我国玉米播种面积为35438千公顷左右，总产量2.02亿吨，主要分布在东北三省和冀鲁豫地区，约占全国玉米产量的55%；其次分布在河西走廊、广西、云贵川地区。玉米是北方地区的基本口粮，也是养殖业中不可或缺的“饲料大王”。玉米可批量提炼玉米油，有条件的地方还可加工酒精。

我国高粱种植面积为560千公顷左右，总产量为200万吨左右。高粱除部分地区作搭配食材外，主要用于酿酒。名牌高档酒“金门高粱酒”、“茅台”、“泸州老窖”、“二锅头”以及“汾酒”等都是以优质高粱为原料酿制而成。

(4)甘薯、马铃薯 甘薯在我国常年种植面积近5000千公顷，总产近2000万吨，面积与总产量均居世界首位。甘薯由于富含多种营养成分，近年来身价倍增，除鲜食外，还可加工成多种多样的“健康食品”、“休闲食品”。

我国马铃薯生产发展很快，种植面积已达5000千公顷以上，总产近1500万吨。马铃薯营养丰富，除鲜食外，还批量供给“麦当劳”、“肯德基”，以及加工成薯粉和各种各样的休闲食品。

此外，芋头、淮山药、魔芋等芋类产品也有一定面积的种植，是人们改善生活的首选产品。芋类中有许多名优品种，例如厦门槟榔芋、福建福鼎芋头，不仅国内畅销，还销往我国香港特区、东南亚、日本等国家和地区，深受青睐。

(5)杂粮 通常把小米、燕麦(攸麦)、荞麦以及薏米等归类于杂粮，在我国的西藏和北方一些较寒冷地带有较大面积种植，据统计，种植面积达800千公顷，总产量为170多万吨。此类产品由于具有特殊的保健价值和药用功效，除生产地居民加工成烙饼、面条、面包、糕点等食用外，还初加工成燕麦片等销往各地。

(6)豆类 主要包括大豆、绿豆、红小豆、豇豆等。我国豆类种植面积较大，常年达12000千公顷以上，总产量为2100万吨左右。其中，大豆种植面积最大，为9200千公顷以上，总产量为1600万吨左右。大豆是提取植物蛋白和大豆油的重要原料。绿豆具有清凉解毒功能，特别是暑天，人们都爱喝碗绿豆汤或吃点绿豆粥。

二、粮豆是生命的基本营养要素

人们维系生命的三大基本营养要素是淀粉、蛋白质和脂肪。

据分析，中国人大约有90%的热能和80%的蛋白质由粮豆提供，脂肪主要靠植物油、动物油补充。

(1)稻谷的营养成分　稻谷不同部位所含的营养成分不同，但总体上以碳水化合物为主，是提供热能的主要来源；蛋白质含量较低，仅在胚及皮层含量较高；脂肪含量则更少，也只在胚及皮层中含量较高。稻谷籽粒主要营养成分见表1-1。

表1-1　稻谷籽粒主要营养成分

类别	水分(%)	碳水化合物(%)	蛋白质(%)	脂肪(%)	纤维素(%)	灰分(%)
稻谷	11.7	64.5	8.1	1.8	8.9	5.0
糙米	12.2	74.5	9.1	2.0	1.1	1.1
胚乳	12.4	78.8	7.6	0.3	0.4	0.5
胚	12.4	29.1	21.6	20.7	7.5	8.7
皮层	13.5	35.1	14.8	18.2	9.0	9.4
谷壳	8.5	29.4	3.6	0.9	39.0	18.6

(2)小麦粉的营养成分　小麦加工成面粉后，由于品种、部位、加工精度及方法不同，其化学成分也不尽相同。特制粉的淀粉含量比标准粉高，而纤维素含量则低，因而更易被人体消化吸收。小麦籽粒、小麦粉及麸皮营养成分见表1-2。

表1-2　小麦籽粒、小麦粉及麸皮营养成分

类别	水分(%)	淀粉及糖(%)	蛋白质(%)	脂肪(%)	纤维素(%)	矿物质(%)
小麦籽粒	13.84	68.74	9.42	1.47	4.43	2.07
特制粉	13.68	75.65	9.12	0.90	0.06	0.59
标准粉	13.48	72.57	10.37	1.70	0.79	1.09
麸皮	11.00	58.00	13.00	4.20	10.50	5.30

衡量小麦粉质量的重要指标是面筋的含量。面筋是把小麦粉加水和成面团，再用水冲洗掉其中的淀粉、麸皮、水溶性物质，剩下不溶于水的具有延伸性和弹性的物质即为面筋。面筋的组

成主要是蛋白质，占总干重的86.6%，营养价值高，其中，麦胶蛋白占总干重的43.1%，麦谷蛋白占总干重的39.1%，清、球蛋白占总干重的4.4%，其次是糖类（可溶性糖和淀粉）占总干重的8.59%，脂肪占总干重的2.8%，灰分占总干重的2.1%。面筋对面制品的品质起了重要作用。例如面包、馒头的体积和形状与面筋的含量直接相关。筋力强的小麦粉吸水多、弹性大、保气力强，发酵后面团高度大，底面积直径小，内部结构松散均匀，适用于制作面包类食品；筋力弱的小麦粉面团吸水少，弹性弱，保气能力差、发酵后流散面积大，高度小，仅适用于制作饼干或糕点。面筋含量多少主要取决于小麦品种，一般硬质小麦不仅蛋白质含量高，而且品质好；其次是储藏条件也会影响面筋的含量与品质。因此，在选购面粉时应特别注意面筋的含量与质量。

小麦粉还含有人体不可缺少的其他营养元素。脂肪的含量视加工精度而不同，一般高精度的特制粉脂肪含量仅为0.7%～1.4%，低精度的标准粉脂肪含量为1.4%～1.8%。纤维素被视为第七营养元素，能促进胃肠蠕动，刺激消化腺分泌消化液，预防结肠癌等。小麦粉纤维素含量高低因加工精度而不同。加工精度（出粉率）为75%时，纤维素含量极少；精度达90%时，纤维素为1.0%；精度达100%（全粉）时，纤维素含量为1.95%。小麦粉中还含有多种矿物质，如磷、钾、镁、钙、钠、铁、铜等营养元素，还含有较多的B族维生素，主要集中在胚芽、糊粉层和皮层中，加工后使维生素减少。标准粉一般出粉率在80%～82%，维生素B_1、维生素E保存率为95%，而维生素B_2保存率仅为50%；特制粉一般出粉率为70%，维生素B_1保存率约为10%，维生素E保存率约为60%，维生素B_2保存率约为35%。从营养角度上看，似不宜吃太多的特制粉。

(3)玉米、高粱的营养成分

①玉米的营养成分。玉米又名苞谷、棒子、六谷，是我国北方

等地区的主粮之一，又是“饲料大王”，其淀粉、蛋白质、脂肪以及纤维素、磷、钙、镁等含量丰富，且较全面。每 100 克玉米含热量 106 千卡、纤维素 2.9 克、蛋白质 4.0 克、脂肪 1.2 克、碳水化合物 22.6 克，还含矿物质元素和维生素等，消化率达 90%。玉米 22 个品种营养成分见表 1-3。

表 1-3　玉米 22 个品种营养成分

类别	水分(%)	总淀粉(%)	粗蛋白质(%)	粗脂肪(%)	中性洗涤纤维(%)	酸性洗涤纤维(%)	总磷(%)	钙(%)	粗灰分(%)
平均值	11.51	72.50	8.18	4.05	7.41	2.07	0.14	0.10	1.40
变幅	11.15～14.17	71.97～73.40	7.62～8.61	3.52～4.50	6.74～8.71	1.71～2.54	0.11～0.22	0.00～0.02	1.16～1.92

②高粱的营养价值。高粱在我国、朝鲜、俄罗斯，以及印度、非洲等皆为食粮之一，许多名酒都以高粱为原料，其营养成分较丰富。高粱营养成分见表 1-4。

表 1-4　高粱营养成分　（每 100 克含量）

项目	单位	含量	项目	单位	含量
水分	克	11.40	钙(Ca)	毫克	7.00
碳水化合物	克	75.60	磷(P)	毫克	188.00
蛋白质	克	8.40	铁(Fe)	毫克	4.10
脂肪	克	2.70	硫胺素	毫克	2.26
粗纤维	克	0.60	核黄素	毫克	0.09
灰分	克	1.30	烟酸	毫克	1.50

高粱籽粒中的碳水化合物含量约占总量的 3/4，是热能的主要来源；蛋白质中的亮氨酸和缬氨酸的含量略高于玉米，而精氨酸又略低于玉米，其他氨基酸与玉米大致相等；脂肪酸的含量略低于玉米。

(4)甘薯、马铃薯的营养成分

①甘薯的营养成分。甘薯除富含淀粉和可溶性糖外，还含有蛋白质、脂肪，更为重要的是含有多种维生素、纤维素和矿物质无机盐。据报道，维生素 B_1、维生素 B_2 含量为米、面的 2 倍；维生素 E 含量为小麦的 9.5 倍，纤维素含量为米、面的 10 倍；维生素 A、维生素 C 的含量也比米面高，蛋白质的含量一般在 2.24%～12.21%。鲜甘薯营养成分见表 1-5。

表 1-5 鲜甘薯营养成分 （每 100 克含量）

项目	单位	含量	项目	单位	含量
糖	克	29.00	铁(Fe)	毫克	0.40
蛋白质	克	11.40	胡萝卜素	毫克	1.31
脂肪	克	0.20	维生素 B_1	毫克	0.12
纤维素	克	0.50	维生素 B_2	毫克	0.04
无机盐	克	0.90	烟酸	毫克	0.50
钙(Ca)	毫克	18.00	维生素 C	毫克	300.00
磷(P)	毫克	20.00			

②马铃薯的营养成分。马铃薯营养成分因品种而异，还与土壤、气候、耕作技术、储存条件等因素密切相关。其淀粉含量较高，约占块茎干物质的 9.0%～20.0%，维生素 C 是苹果的 10 倍，B 族维生素是苹果的 4 倍。马铃薯块茎营养成分见表 1-6。

表 1-6 马铃薯块茎营养成分 （每 100 克含量）

项目	单位	含量	项目	单位	含量
水分	克	63.2～86.9	钙	毫克	11～60
淀粉	克	9～20	磷	毫克	15～68
蛋白质	克	1.5～2.3	铁	毫克	0.4～4.8
脂肪	克	0.1～1.1	硫胺素	毫克	0.03～0.07
粗纤维	克	0.6～0.8	核黄素	毫克	0.03～0.11
无机盐	克	0.9	烟酸	毫克	0.4～1.1

(5)杂粮的营养成分　这里主要列举四种杂粮。

①小米的营养成分。小米亦称粟米、谷子等，从夏商周年代就有种植，是古代的主要粮食之一。其营养价值比米、面高，还具有保健功能。早在《本草纲目》中就有记载，小米“治反胃热痢，煮粥食，益丹田，补虚损，开肠胃”。小米蛋白质和碳水化合物含量比大米高，所含维生素 B_1 居粮食之首，维生素 B_2 含量也较高。小米营养成分见表 1-7。

表 1-7　小米营养成分　（每 100 克含量）

项目	单位	含量	项目	单位	含量
糖类	克	72.80	磷	毫克	240.00
蛋白质	克	9.70	铁	毫克	4.70
脂肪	克	3.50	镁	毫克	93.10
胡萝卜素	毫克	0.19	铜	毫克	5.50
维生素 B_1	毫克	0.57	锰	毫克	9.50
维生素 B_2	毫克	1.12	锌	毫克	25.00
烟酸	毫克	1.60	硒	毫克	45.00
钙	毫克	29.00	碘	毫克	8.00

②荞麦的营养成分。荞麦起源于中国，栽培历史极为悠久。荞麦是粮食，但不是禾本科作物，属双子叶的蓼科植物，特适于干旱丘陵地区和凉爽的气候地带栽培，故主要分布在中国北方、欧洲、加拿大、美国、白俄罗斯以及亚洲的其他国家较贫瘠地带。为什么荞麦的栽培持久不衰，分布又广呢？这是由于荞麦营养丰富，且具有特殊的保健功能，特别是苦荞麦，对冠心病、高血压、糖尿病以及抗氧化等有较好的保健作用。荞麦营养成分见表 1-8。

表 1-8　荞麦营养成分（每 100 克含量）

项目	单位	含量	项目	单位	含量
碳水化合物	克	60.20	磷	毫克	244.00
蛋白质	克	9.70	硒	微克	5.57
脂肪	克	2.70	胡萝卜素	微克	2.3
膳食纤维	克	5.80	视黄醇当量	微克	19.3
钙	毫克	39.00	硫胺素	毫克	0.32
镁	毫克	94.00	核黄素	毫克	0.21
铁	毫克	4.40	烟酸	毫克	1.5
钾	毫克	32.00	维生素 E	毫克	1.73

③燕麦的营养成分。燕麦又名雀麦、野麦、莜麦、玉麦、铃铛麦等。燕麦分为带稃型和裸粒型两大类，主要分布在我国内蒙古、河北、河南、山西等省、自治区。其栽培习性喜凉爽湿润，又不耐寒。燕麦营养价值高，且具有保健作用。美国评出十大健康食品中，燕麦位居第 5 位。其蛋白质、脂肪、淀粉以及磷、铁、钙等含量与米、面等 8 种粮食作物相比，均名列前茅；膳食纤维含量分别为小麦、玉米的 4.7 倍和 7.7 倍；B 族维生素、烟酸、叶酸、泛酸等含量比较丰富，特别是维生素 E，每百克含量高达 3.07 毫克；更为特别的是燕麦粉中还含有其他各类食粮中所缺乏的皂苷（人参的主要成分）。所以，燕麦粉备受青睐。燕麦营养成分见表 1-9。

④薏米的营养成分。薏米又名薏仁、薏苡仁、苡米、土玉米等，在我国贵州、福建、河北、辽宁等地种植，历史悠久，种植面积较大。薏米的消费市场之所以经久不衰，是因为其具有丰富而独特的营养素，不仅有食用价值，而且有保健和药用价值。薏米，含有较高的蛋白质，其中，含有 8 种人体必需的氨基酸，且其比例接近人体需求，而且含有丰富的 B 族维生素、矿物质和膳食纤维。薏米营养成分见表 1-10。

表 1-9　燕麦营养成分（每 100 克含量）

项目	单位	含量	项目	单位	含量
水分	克	9.20	钙	毫克	186.00
碳水化合物	克	66.90	磷	毫克	291.00
蛋白质	克	15.00	钾	毫克	214.00
脂肪	克	6.70	镁	毫克	177.00
膳食纤维	克	5.30	铁	毫克	7.00
硫胺素	毫克	0.30	钠	毫克	3.70
核黄素	毫克	0.13	锌	毫克	2.59
烟酸	毫克	1.20	硒	微克	4.31
灰分	克	2.20	维生素 E	毫克	3.07

表 1-10　薏米营养成分（每 100 克含量）

项目	单位	含量	项目	单位	含量
碳水化合物	克	71.10	钙	毫克	42.00
蛋白质	克	12.80	铁	毫克	3.60
脂肪	克	3.30	锌	毫克	1.68
纤维素	克	2.00	铜	毫克	0.29
硫胺素	毫克	0.22	锰	毫克	1.37
核黄素	毫克	1.15	钾	毫克	238.00
烟酸	毫克	2.00	磷	毫克	217.00
维生素 E	毫克	2.08	钠	毫克	3.60
镁	毫克	88.00	硒	微克	3.07

(6)豆类的营养成分

①大豆的营养成分。大豆起源于中国，古代称菽。在中国、日本和朝鲜，吃豆腐已有数千年的历史，当今欧美等国也时兴吃豆腐，以此来替代奶制品。大豆之所以种植和食用历史悠久，是因为其既富营养，又易消化，且用途广泛。大豆主要用来制作各

种豆制品，榨取豆油，酿造酱油，提取植物蛋白质，其豆渣（豆饼）成为畜禽的精饲料。其主要营养成分为优质蛋白质、碳水化合物、脂肪（不饱和脂肪酸占 85%）、异黄酮、低聚糖、皂苷、磷脂、核酸等。大豆营养成分见表 1-11。

表 1-11　大豆营养成分　（每 100 克含量）

项目	单位	含量	项目	单位	含量
蛋白质	克	38～42	维生素 B_1	毫克	11～17.5
脂肪	克	18～20	维生素 B_2	毫克	2.3
碳水化合物	克	25～30	烟酸	毫克	2.25～9.0
膳食纤维	克	20	泛酸	毫克	12.0
异黄酮	克	0.05～0.3	维生素 B_6	毫克	6.4
低聚糖	克	7.0～10.0	维生素 C	毫克	0.2
磷脂	克	1.5～3.0	叶酸	毫克	2.3
核酸	克	0.1～0.2	肌醇	毫克	1.9～2.6
微量元素	克	4.0～4.5	胆碱	毫克	3.4
胡萝卜素	毫克	0.2～2.4	生物素	毫克	0.6

②绿豆的营养成分。绿豆原产于印度、缅甸地区，在东亚各国普遍种植，非洲、欧洲、美国等地也有少量种植。绿豆在中国已有 2000 多年的栽培史。悠久的种植史皆因绿豆营养丰富，又有特殊的保健功效。绿豆的蛋白质含量是粳米的 3 倍，多种维生素、钙、磷、铁和无机盐含量也比粳米多；绿豆还有"济世之谷"之称，性味甘凉，清热解毒。绿豆营养成分见表 1-12。

③红小豆的营养成分。红小豆又名赤豆、赤小豆、红豆、红赤豆、小豆、饭豆。我国是红小豆的原产地，印度、朝鲜、日本等国也有种植，以我国出产最多。红小豆在我国栽培历史悠久，迄今已有 2000 多年的历史。红小豆含有多种营养成分，且又具保健功能。每 100 克红小豆的蛋白质含量高达 20.7～21.7 克，是稻米

的3倍，提供热能的碳水化合物含量为60克左右。李时珍称红小豆为“心之谷”，具有“生津液、利小便、消胀、除肿、止吐”等功效。红小豆营养成分见表1-13。

表1-12　绿豆营养成分　（每100克含量）

项目	单位	含量	项目	单位	含量
蛋白质	克	21.60	钠	毫克	3.20
脂肪	克	0.80	硒	微克	4.28
碳水化合物	克	55.60	镁	毫克	125.00
膳食纤维	克	6.40	硫胺素	毫克	0.25
钾	毫克	787.00	核黄素	毫克	0.11
磷	毫克	337.00	维生素E	毫克	10.95
钙	毫克	81.00	维生素A	微克	22.00
锰	毫克	1.11	胡萝卜素	微克	3.30
锌	毫克	2.18	视黄醇当量	微克	12.30
铁	毫克	6.50	烟酸	毫克	2.00

表1-13　红小豆营养成分　（每100克含量）

项目	单位	含量	项目	单位	含量
蛋白质	克	20.70	磷	毫克	305.00
脂肪	克	0.50	铁	毫克	5.20
碳水化合物	克	58.00	硫胺素	毫克	0.31
粗纤维	克	4.90	核黄素	毫克	0.11
灰分	克	3.30	烟酸	毫克	2.70
钙	毫克	67.00			

④豇豆的营养成分。豇豆俗称角豆、姜豆、带豆、黑眼豆等，起源于非洲，而后传入亚洲和地中海地区。据古籍记载，公元601年已有“豇”字，说明种植历史应在1500年左右。豇豆蛋白质含量较高，又富含维生素B_1、维生素B_2、维生素E和其他微量元素，

营养丰富又有保健功能。豇豆营养成分见表1-14。

表1-14 豇豆营养成分 （每100克含量）

项目	单位	含量	项目	单位	含量
蛋白质	克	18.60	锰	毫克	2.10
脂肪	克	1.10	锌	毫克	4.70
碳水化合物	克	59.00	硫胺素	毫克	0.15
膳食纤维	克	6.60	核黄素	毫克	0.18
钾	毫克	525.00	烟酸	毫克	2.10
磷	克	0.31	维生素E	毫克	12.29
钠	毫克	86.50	胡萝卜素	微克	2.70
镁	毫克	171.00	视黄醇当量	微克	12.00
钙	克	0.06	硒	微克	2.89
铁	毫克	5.50			

三、粮豆的保健作用

1. 稻米及其副产品的保健作用

稻米经过精细加工，把皮层（即果皮和种皮，约占糙米粒重的5%～6%）去除，使其具有保健功能的成分也随之流失。解决的办法是食用时搭配一些紫米、黑米、红米。这些米加工时保留皮层。也可搭配些糯米、香米或搭配些特种专用米（如蒸谷米、免淘米、留胚米、营养强化米、发芽糙米）。由于米糠富含谷维素、甾醇、肌醇、植酸钙等营养和保健物质，也可视需要选购相应的加工产品。

(1)天然型特种稻米的保健作用

1)黑米及其保健作用　其糙米呈墨黑色或黑褐色，粒型有籼、粳两种，粒质有糯性与非糯性两类。黑米加工时都保留果皮和种皮，一般为糙米。其营养成分(按所占干物质计)为粗蛋白质占8.5%～12.5%，脂肪占2.7%～3.8%，碳水化合物占75%～84%，突出的保健功能是其所含的锰、锌、铜、硒等元素都比普通大米高1～3倍，更含有普通大米所欠缺的维生素C(比普通大米高4～10倍)、叶绿素、花青素、胡萝卜素，以及强心苷等特殊成分。黑米与大米营养成分对比见表1-15。

表1-15　黑米与大米营养成分对比

名称	维生素(毫克/100克)				矿物质元素(毫克/100克)							
	B_1	B_2	C	E	铁	钙	镁	锌	磷	钾	铜	硒
陕西洋县黑米	0.204	4.44	0.86	48.89	210	214.3	2640	43.5	3710	3734	2.7	0.061
黑珍米	0.326	2.54	0.30	53.44	146	142.8	2520	45.5	4213	3402	2.1	0.130
普通大米(Basmati370)	0.166	2.22	0.08	46.64	73	71.4	1980	52.5	2406	2406	2.5	0.083

黑米熬粥后，清香油亮、软柔适口，民间有“逢黑必补”之说，称之为“药米”、“补血米”、“长寿米”。其保健作用有能清除自由基，改善缺铁性贫血、抗应激反应以及免疫调节等；所含的黄酮类化合物能维持血管正常渗透压，减轻血管脆性，防破裂和止血；能抗菌、降低血压、抑制癌细胞生长；降低心肌耗氧量，改善心肌营养等。总之，黑米具有滋阴补肾、暖胃养肝，明目活血，乌发养颜、治消渴、止虚寒、治泻痢、发痘疮，延年益寿等功效。

2)紫米及其保健作用　紫米也是色稻之一，因为它的种皮有一薄层紫色物质而称之为紫米。紫米煮饭，味香又糯，颇受消费者喜爱。我国仅有陕西汉中、四川、贵州、云南等省、市少量栽培，甚为珍贵。紫米品种繁多，以地方品种为主，如湖南新化的紫鹊界紫米，也有部分杂交改良品种，如云南墨江紫米——滇瑞501、云南思茅的“接骨糯”等。现以湖南省新化县地方品种——紫鹊界紫米为例，介绍其独特的营养价值和保健作用。

①淀粉含量高，热量足。紫鹊界紫米淀粉含量达 70.1%，因而能充分保证人体所需热量，且能节约蛋白质和抗酮体消耗，达到保肝解毒效果。

②蛋白质含量高，氨基酸组成全面。紫鹊界紫米比普通籼米蛋白质含量高 15.6%；氨基酸总量比一般精米高 71.4%；特别是其中的赖氨酸含量比一般精米高 96%，蛋氨酸含量高 240.7%，苏氨酸含量高 113.5%，组氨酸含量高 100%。紫鹊界紫米含有赖氨酸等 8 种人体不能合成的氨基酸，具有天然的营养价值。

③微量元素含量高，保健作用强。每 1000 克紫鹊界紫米含铁 16.7 毫克，比一般精米（对照）高 248.3%；含钙 138.55 毫克，比对照高 116.5%；含锌 23.63 毫克，比对照高 81.8%；含硒 0.08 毫克，比对照高 17.8%。铁可维持体内铁元素的平衡，对改善儿童的精神状态，防治缺铁性贫血症，促进发育，防止疲劳等均有一定功效；钙可保证体内钙质平衡，预防结肠癌、骨质疏松、肌肉痉挛、降低血压、保持骨骼健康；锌可增强人体免疫力，改善胰岛素效用、预防前列腺肥大、减少胆固醇积累等；硒是一种抗氧化剂，对防止自由基的形成、保护免疫系统、预防癌症、心脏病等均有作用。

④纤维素含量高，有助于胃肠蠕动。紫鹊界紫米粗纤维含量为 1.34%。纤维素有充盈肠道、促进肠道蠕动、促进消化液分泌、减少胆固醇吸收等作用。

3）红米及其保健作用　红米也是主要的色稻之一，以其果皮和种皮呈红色而得名。红米主要分布在河北、江西、浙江、台湾、福建、广东等地，均有籼、粳两类。粳黏的红色深，粳糯则浅红。红米有许多著名的地方品种，例如江西奉新县的柳条红，是种植上千年历史的著名地方品种，为历代贡米，其米饭微红而柔软，食之香甜;河北丰南县的胭脂稻已有200多年的种植历史,亦为贡品,其籽粒椭圆而红色,气香味腴,回锅三次,香气依存;江苏鸭血糯米皮及煮饭均呈紫红色,含铁量高;安徽皖南的小红稻;山西洪河的洪河糯米;上海的杜子籼;浙江的长香稻;河北的阜平红线稻;北京的平谷旱梗子等。目前,红米地方品种大多在种质资源库中保存,种植的面积均小。新选育的品种有奉新红米(江西奉新农科所用^{60}Cor射线处理地方品种柳条红选育而成)、华南农业大学选育的红枣糯、上海农业科学院选育的红皮香粳、广西农业大学选育的香优桂红、汕优桂红等,数量不多,推广面积不大。

红米富含蛋白质、碳水化合物、膳食纤维、磷、铁、铜、维生素A、维生素B、维生素C等,以含铁质最为丰富(3.9毫克/100克),故有补血及预防贫血的功效;含丰富的磷,维生素A、B族维生素,则能改善营养不良,还能有效舒缓疲劳、精神不振和失眠等症状;所含泛酸、维生素E、谷胱甘肽胺酸等物质,有抑制致癌物的作用;用红米酿制的红米酒呈红色,味柔和,余味无穷,备受女性朋友青睐;用红米制作的红曲纯天然,安全性高,广泛用于食品类、药品类、化妆品类的着色;红米还具有升高血浆高密度脂蛋白胆固醇(HDL)、提高机体抗氧化水平、清除自由基、延缓衰老、抗应激反应等功能。

4)香米及其保健作用　香稻品种繁多,选购范围广。我国香稻栽培已有数千年历史。东汉《婚礼谒文》中载:"秔米馥芬,婚礼之珍"。秔米即为香粳米,其芬芳被视为婚礼上的珍品。正因为香稻历来颇受青睐,所以保存的地方品种繁多,新选育的品种也不少。香稻既有籼、粳、糯之别,果皮还有白、褐、赤、紫、黑之分,产地遍及大江南北,选购的余地也很大。香稻品种繁多,例如陕西渭河畔的洋县香谷,米饭清香,滋润软亮;贵州的香禾是一个品种群的总称,包括白毛香禾、把塘禾、大香禾、红毛香禾等,这些品种不仅香气袭人,而且耐寒、耐瘦、耐阴,易于栽培;云南的香稻品种也很有名气。潞西的鸡血糯米饭紫红而香，广南的八宝米饭香软而有弹性，瑞丽的三穗齐香气纯正，景谷的香糯米香而糯；浙江的湖州香稻；上海的青浦香米；江苏的常熟香米、苏御糯等无论煮饭、熬粥、制糕、酿酒，均香气扑鼻；福建漳平的过山香、武夷香稻均素有"一家煮饭百家香"之美誉。香稻新育成的品种也很多。例如陕西的汉中香糯，支链淀粉几乎达100%，蛋白质含量高达12.8%，茎、叶、稻谷均有宜人的清香味；云南的滇瑞306(矮香糯、矮糯)，其茎叶、谷粒、米饭都散发出沁人心脾的清香；广西的醉香香气浓馥；上海的上农香糯米质优，糯性适中，香气纯正，米饭油亮。香稻引进品种也丰富了市场资源。例如，人们在市场上喜爱购买的"泰国香米"，是泰国的KDM105香稻品种为主加工而成。该稻米细长，胶稠度软，米饭香气浓郁似茉莉花香，食味可口；从美国引进的优质香稻Jasmino85，香气纯正如茉莉花，食味极佳；国际水稻研究所的IR841，菲律宾的Malagkit Su-ngsong，印度尼西亚的Seratus Malan，都是著名香稻品种。

香稻植株芬芳，米饭清香。香味起主导作用的物质是2-乙酰-1-吡咯啉。含有这种物质的水稻在昼夜温差大的地区栽培，含量会提高，所以东北、云南一带的香米特别香，其中，"2-乙酰-1-吡咯啉"含量达0.6毫克/千克以上，在蒸煮或食用时，能散发出浓郁而诱人的香气，使人饮食时清爽，食欲大增，加上本身富含的营养元素及维生素等物质，起到了较好的保健作用。由于各品种香浓程度不一，对于香味浓重的香稻米，食用时不宜单食，宜搭配一定分量即可。

5)糯米及其保健功能　糯米有籼糯与粳糯两类。其共同特点是含支链淀粉，不含或极少含直链淀粉，其直链淀粉含量为<2%，因而蒸煮出来的米饭润湿，易黏结成团。糯米富含淀粉、蛋白质、脂肪、钙、磷、铁、维生素 B_1、维生素 B_2、烟酸等营养成分，具有较强的保健功能。糯米营养成分见表1-16。

表 1-16　糯米营养成分　（每 100 克含量）

项目	单位	含量	项目	单位	含量
碳水化合物	克	78.30	钙	毫克	26.00
蛋白质	克	7.30	铁	毫克	1.40
脂肪	克	1.00	锌	毫克	1.54
纤维素	克	0.80	铜	毫克	0.25
维生素 E	毫克	1.29	锰	毫克	1.25
硫胺素	毫克	0.11	钾	毫克	137.00
核黄素	毫克	0.04	磷	毫克	113.00
烟酸	毫克	2.30	钠	毫克	1.50
镁	毫克	49.00	硒	毫克	2.71

糯米具有补中益气、健脾养胃、止虚汗之功效，对食欲不佳、腹胀腹泻有一定缓解作用。用糯米酿制的酒滋补健身，治疗部分疾病。如果用糯米、杜仲、黄芪、枸杞子、当归等酿成“杜仲糯米酒”，饮用后有壮气提神、美容益寿、舒筋活血的功效；如果用糯米、天麻、党参等酿制成“天麻糯米酒”，有补脑益智、护发明目、活血行气、延年益寿之作用；如果用糯米和果品（如刺梨）同酿成“刺梨糯米酒”，有防心血管疾病和防癌之作用。

(2)加工型特种稻米的保健作用

通过改变加工方法，使稻米保存（或提取）更全面的营养成分，发挥其更大的营养保健作用。

1)蒸谷米及其营养保健作用　所谓蒸谷米就是把清理干净的谷粒先浸泡再蒸，待干燥后再碾米。蒸谷米出米率高，碎米少，容易保存，耐储藏，饭松软可口，可溶性营养物质多，易于消化和吸收。

①蒸谷米加工工艺。由于蒸谷米能提高出米率和提高营养价值，目前全世界稻谷总产量的 1/5 已被加工成蒸谷米。蒸谷米

的加工除稻谷经水热处理工序外，其余工序与普通大米加工基本相同。其工艺流程如下：

原粮→清理→浸泡（在 80℃～90℃下浸泡 3 小时）→汽蒸→干燥与冷却→砻谷→碾米→色选→蒸谷米

②蒸谷米营养保健作用。稻谷经水热处理后，籽粒强度增大，加工时，碎米明显减少，出米率提高。糙出白率可提高 1%～2%；脱壳容易，砻谷机效能提高 1/3；米糠出油率比普通大米高；籽粒结构变得紧密、坚实，加工后米粒透明、有光泽，外观品质也有所提高。胚乳内维生素与矿物质的含量增加，营养价值提高。维生素 B_1 更均匀分布在蒸谷米中，维生素 B_1、维生素 B_2 的含量要比普通白米高 4 倍，烟酸高 8 倍；米饭易于消化、出饭率高，蒸谷后粳米较普通白米可提高出饭率达 4%左右，籼米可提高 4.5%。蒸谷米有利于保存，这是由于稻谷在水热处理过程中，杀死了微生物和害虫，同时也使米粒丧失了发芽能力，所以储藏时可防止发芽、霉变。

2）免淘米及其营养保健作用　国内生产免淘米大都是在加工普通大米的基础上，增加白米抛光等工序完成的。免淘米是一种炊煮前不需要淘洗的大米。通常在水中淘洗的米粒，随水流失的米糠及淀粉约 2%，营养成分中损失无氮浸出物为 1.1%～1.9%、蛋白质为 5.5%～6.1%、钙为 18.1%～23.3%、铁为 17.7%。而免淘米不仅可以避免在淘洗过程中干物质和营养成分的大量流失，而且可以简化做饭的工序。目前，世界上一些发达国家都生产和食用免淘米，并进一步对大米进行氨基酸或维生素的强化，以提高大米的营养价值。用于免淘洗的米必须无杂质、无霉、无毒。为提高免淘米的食用品质和商品价值，还应尽量减少不完善粒、腹白粒、心白粒、全粉质粒以及异种粮粒的含量，因而提高了成品的整齐度、透明度与光泽度等商品性质，达到国家一等米标准。

3)营养强化米及其营养保健作用　人们出于口感和商品外观的需要,喜爱食用高精度大米,但是精米在加工过程中会损失大量的营养素。解决“好看”与养分流失矛盾的一个重要方法就是生产人工添加所需营养素的营养强化米。营养强化米是在精米中添加强化剂。强化剂有维生素、氨基酸及多种营养素。维生素强化剂主要是维生素 B_1,氨基酸强化剂主要是赖氨酸和苏氨酸,多种营养素主要是指维生素 B_1、维生素 B_2、维生素 B_6、维生素 B_{12},以及蛋氨酸、苏氨酸、色氨酸、赖氨酸等。

4)留胚米及其营养保健作用　留胚米是指米胚保留率在80%以上的大米。稻米胚含有多种维生素、优质蛋白质及脂肪,所以,留胚米比普通大米营养价值高,保健功能也好。留胚米与普通大米的加工所不同的是碾米过程采用多机轻碾,即碾白道数要多,碾米机内压力要低。使用的碾米机应为砂辊碾米机。金刚砂辊筒的砂粒较细(46$^{\#}$,60$^{\#}$)。这样碾白时,米粒两端不易被碾掉。砂辊碾米机的转速不宜过高,一般离心加速度在1000米/秒^{2}以下,只有这样,留胚率才有可能达到80%以上。

5)发芽糙米及其营养保健作用　发芽糙米是指处于发芽状态下的糙米,具有良好的营养保健功效。发芽糙米比一般的糙米含更多的纤维素,氨基酸含量是一般糙米的3倍,γ-氨基丁酸含量是一般糙米的10倍,还含有各种活性酶、游离态的微量元素、丰富的维生素、膳食纤维、多种抗氧化物质、六磷酸肌醇、谷胱甘肽等。γ-氨基丁酸具有活化脑血流、增强脑细胞代谢、降低血压、抗惊厥、促进记忆、改善肝、肾功能、缓解动脉硬化、减少中性脂肪、防止肥胖等功效。六磷酸肌醇具有抗氧化能力,抑制并杀死自由基,保护细胞免受自由基伤害,缩小肿瘤体积等功效。另外,它还具有防止肾结石、降低血脂浓度、保护心肌细胞、防止动脉硬化等功效。2000年,日本首先研发了发芽糙米。目前,发芽糙米在日本、韩国、新加坡等国家和我国的台湾、香港地区已有批量生产和销售，发展前景看好。

发芽糙米的加工方法是将糙米清洗后，用18℃～24℃清水浸泡2～4小时后，在35℃～45℃下使糙米发芽11～25小时，其间每隔8～12小时换一次清水，再将发了芽的糙米在40℃～50℃下干燥4～12小时，至含水量为12%～14%即可。

6)米糠提取物的营养保健作用　上面已经介绍过米糠在稻米中所含的营养物质最为丰富，但糠不宜直接食用，必须将其营养元素提取出来，才能充分发挥其营养保健作用。主要制取物有四种。

①制取米糠油。由米糠生产的米糠油亚麻酸含量低，维生素E含量较高。米糠油具有清除血液中的胆固醇、降低血压、加速血液循环、刺激人体内激素分泌以及促进人体发育的作用。

②制取谷维素。谷维素是米糠中存在的不皂化物，也是精炼米糠油的副产物，在米糠中的含量为0.3%～0.5%，在米糠毛油中的含量达2%～3%。

③制取谷甾醇。谷甾醇是植物甾醇(又称植物固醇)的一种，可以从米糠油的下脚料中提取，也可以从玉米、棉籽等作物中提取。目前，从植物中至少鉴定出44种植物固醇。谷甾醇可以治疗心血管病、抗炎退热、降低人体血清胆固醇及防止冠状动脉硬化的发生，对慢性支气管炎、支气管哮喘也有一定疗效。

④制取植酸钙和肌醇。米糠榨油后的米糠饼约占米糠重量的38%。米糠饼中含有2%～14.5%的植酸。植酸含有抗营养素，家畜吃了米糠后仍有一部分不能吸收。因此，从米糠饼中提取植酸钙，进而制取肌醇，是合理利用米糠饼的一条重要途径。植酸钙和肌醇都是药物和营养剂，广泛应用于医药、食品、化工等许多方面。我国目前生产的肌醇以外销为主，国际上对肌醇的需求量很大，供不应求，经济效益明显，创汇率高，因此，生产植酸钙、肌醇很有意义。

2. 麦类的保健作用

(1)小麦粉的保健作用　由表1-2可见，小麦籽粒的蛋白质、纤维素、矿物质的含量均比糙米高，说明其营养价值也高。小麦籽粒的蛋白质以麦胶蛋白和麦谷蛋白为主，两者占总干重的82.2%。用其制作面筋食用，补充了人体植物蛋白质的需求；维生素含量也较高，特别是维生素 B_1 可防治脚气病，维生素 B_2 可预防唇炎、口角炎、舌炎和阴囊炎等症，维生素 A 可预防夜盲症、眼干燥症和皮肤干燥等；钙、铁等无机盐的含量也较高，钙可预防脊柱变形、骨折以及牙齿松动；铁是人体生理代谢、营养平衡的必要微量元素。人体内的铁有 70%存在于血红蛋白和肌红蛋白内，25%的铁蛋白存在于肝、肾、骨髓中，还有小部分的铁是氧化酶的辅助因子。血红蛋白中的铁还是体内氧的输送者，可将二氧化碳转运到肺部呼出，可见小麦粉中的铁作用很大。小麦籽粒的纤维素含量也比糙米高，它可刺激胃液分泌，促进胃肠蠕动，预防肠胃等病变。

(2)荞麦的保健作用　荞麦营养成分含量较全面，其直链淀粉含量比例高，可影响水分子进入速度，进而延迟糊化与消化速度，从而抑制餐后血糖的升高速度；荞麦的脂肪含量高于小麦，且亚油酸占 36.1%，它是降低血液胆固醇、预防动脉硬化的重要物质；富含黄酮类物质，包括槲皮素，芦丁等。槲皮素能保护人体的抗氧化剂；芦丁具有降低血管通透性、加强脆弱的微细管的功能，还能促进胰岛素的分泌；荞麦中的荞麦糖醇能调节胰岛素的活性，具有降糖作用。

(3)燕麦的保健作用　燕麦能预防高血脂引发的心脑血管疾病。燕麦中富含可溶性纤维和不溶性纤维，能大量吸收人体内的胆固醇并排出体外；其中的高黏稠的可溶性纤维能延缓胃的排空，增加饱腹感，控制食欲。燕麦中含有燕麦蛋白、燕麦肽、燕麦β-葡萄糖、燕麦油等成分，具有抗氧化、增加肌肤活性、延缓肌肤衰老、美白保湿、减少皱纹色斑、抗过敏等功效，在美、日、韩、加、法等国称燕麦为“家庭医生”、“植物黄金”、“天然美容师”。燕麦蛋白经酶解可得到小分子的肽和氨基酸。这一类分子中都含有亲水基团,可以吸收水分或锁住皮肤角质层水分,保湿功能非常好。大分子量的燕麦蛋白可在较低浓度下形成膜,改善发质和干涩皮肤。燕麦β-葡萄糖是一种线性无分支黏多糖,通过β-(1-3)和β-(1-4)糖苷键把β-D-吡喃葡萄糖单位连接起来,形成高分子的聚合物,也可以吸收水分或锁住皮肤角质层水分,与燕麦蛋白一起共同发挥非常好的保湿功效;还具有促进纤维细胞合成胶原蛋白,促进伤口愈合。燕麦油脂主要由不饱和脂肪酸组成,脂质成分和水合特性能在油中乳化大量的水分,作为保湿剂的有效载体;燕麦油在皮肤表面形成一层油膜,可起到长效保湿作用;其中的不饱和脂肪酸能软化皮肤,滋润养颜。燕麦中含有大量的抗氧化物质,可有效清除自由基,减少对皮肤细胞的伤害,减少皱纹的出现,淡化色斑,其中,蒽酰胺(又称燕麦生物碱)是燕麦的特有物质,不仅能清除自由基、抗皱,还具有抗刺激的功能,例如当紫外线照射对皮肤产生不利时,能有效去除肤表泛红现象,护理皮肤。

3. 玉米、高粱、薏仁、小米的保健作用

(1)玉米的保健作用

①促排泄、利尿减肥。玉米含有较多的粗纤维和镁,可加强肠壁蠕动,促进废物排泄,玉米须也有利尿作用。

②降低胆固醇,防病防衰老。玉米含有丰富的不饱和脂肪酸(其中亚油酸达60%以上),它和玉米胚芽中的维生素E协同作用,可降低血液胆固醇浓度并防止其沉积于血管壁上。玉米中的维生素E还可促进细胞分裂,延缓衰老;玉米中还含有一种长寿因子——谷胱甘肽,在硒的参与下,生成谷胱甘肽氧化酶,具有恢复青春、延缓衰老之功能。

③维生素、硒等微量元素含量高。玉米中的维生素含量比大米高1~2倍,硒含量则高8~10倍,镁、钙等含量也明显高于大米。维生素、核黄素可预防心脏病、癌症等;镁可加速粪便排空,

预防胃肠病；硒是有效的防癌物质。

(2)高粱的保健作用　高粱富含多种营养成分。除食用外，还有温中、利气、止泻、涩肠胃、止霍乱，适用于下痢及小便湿热不利。中医认为，高粱性平味甘、涩、温、无毒，能和胃、健脾、止泻，有固涩肠胃，抑制呕吐、益脾温中、催治难产等功效。用高粱酿制的各种名酒，如茅台、汾酒等，每天少量饮用，也有舒筋活血等功效。

(3)薏仁的保健作用　薏仁的主要功效是健脾、渗湿、止泻、排脓，有抑制呼吸中枢和扩张末梢血管特别是肺血管的作用。

(4)小米的保健作用　据古医籍记载："小米主养肾气，去胃中热、滋阴、暖中、益气"。小米含有类雌激素物质，能滋阴；所含维生素 B_2 能防止男性阴囊皮肤渗液、糜烂、脱屑；防止女性会阴瘙痒、阴唇皮炎、白带过多；妊娠期多吃小米补充维生素 B_2，能避免胎儿骨骼畸形；所含的锌能保护性腺健康，使性器官和第二性征发育健全；所含的锰能促使性功能健康；所含的硒有利于谷胱甘肽的生成，改善性功能，预防癌细胞扩散；所含的铜能维持正常的生殖功能和生长功能，特别是孕妇，能避免早产；所含的碘能维持甲状腺正常功能，避免胎儿痴呆或智力下降等；还能防口角生疮，防反胃、呕吐，防皱纹、色斑、色素沉积。

4. 薯芋类的保健作用

(1)甘薯的保健功效　甘薯已成为当今世界食品的新宠。世界卫生组织将甘薯评为"十大最佳蔬菜"之首，日本人称之为"第一抗癌食品"，美国人将它列为"航天食品"，法国人称它是当之无愧的"高级保健食品"，我国台湾尊它为"长寿食品"，我国香港称它为"蔬菜皇后"，中国大陆人也改变"粗粮观"，视为一日三餐的珍品，摆上餐桌、酒桌。当今风靡世界的甘薯之所以获得如此高的美誉，是因为它营养丰富，保健功能强。

①甘薯含有防癌抗癌价值高的花青素和硒。每 100 克紫薯

含花青素为20毫克。法国科学家马斯魁勒博士发现花青素是天然强效清除自由基的清除剂(抗氧化剂),具有防癌抗癌作用;硒的含量也较高,据测定每1000克为3.28微克。硒易被人体吸收,可留在血清中,清除自由基,抑制癌细胞中DNA的合成和癌细胞分裂与生长,被称为"抗癌大王"。

②甘薯富纤维素,在粮食作物中居前列。每100克鲜薯粗纤维含量达0.5克,是米面的10倍。纤维素含量高可促进肠胃蠕动,清理肠腔滞留的黏液、积气和腐败物,排出有毒物质,防止胃肠疾病。

③甘薯富含淀粉和可溶性糖、多种维生素、氨基酸和矿物质无机盐。维生素B_1、维生素B_2的含量为米面的2倍,具有防癌效果的维生素E含量较高,为小麦的10倍;甘薯富含18种易被人体吸收消化的氨基酸;以及钙、磷、铁等多种无机盐,可以中和人体内因常吃肉、蛋、米、面等酸性食物而产生过多的酸。这种"生理碱"的作用,可保持人体内酸碱平衡,提高健康水平。

(2)马铃薯的保健作用 马铃薯所含营养成分比较全面,特别是富含禾谷类作物所欠缺的胡萝卜素和抗坏血酸;维生素C含量高,每100克达20～40毫克,B族维生素比苹果多3倍;各种矿物质是苹果的几倍至几十倍。马铃薯可以降血压。常吃马铃薯还有延缓衰老和减肥效果。马铃薯汁直接涂敷面部,增白效果十分明显;对于晒伤、晒黑、皱纹、青春痘或色斑者,用马铃薯汁(片)涂之效果也明显,是美容护肤的简易方法。

(3)芋头的保健作用 芋头富含蛋白质、钙、磷、铁、钾、镁、钠、氟,以及胡萝卜素,烟酸、维生素C、B族维生素、皂角苷等多种成分,能增强人体的免疫功能,可作为防治癌症的常用食物,在术后放疗、化疗及康复过程中,有辅助治疗作用;芋头含有黏液蛋白,被人体吸收后能产生免疫球蛋白(即抗体蛋白),可提高机体的抵抗力。故中医认为芋头能解毒,对于痈肿毒痛有抑制消解作用;芋头为碱性食物,能中和体内积存的酸性物质,防止胃酸过多症,调整人体的酸碱平衡,具有美容美颜、乌黑头发的效果;芋头含有丰富的黏液皂素及多种微量元素,可补充机体的需求,增进食欲,帮助消化,补中益气。

(4)魔芋的保健作用　魔芋又名鬼芋、鬼头、花莲杆、蛇六谷等,主产在中国及日本,品种多达 260 多个,中国 21 个品种中有 9 个为特有品种。魔芋被联合国卫生组织确定为"十大保健"食品之一。魔芋为碱性植物,对于食用动物性酸性食物过多的人,可以起到酸碱平衡的作用;魔芋含有 16 种氨基酸,10 种矿物质元素和丰富的纤维素,对防治糖尿病、高血压有特效;魔芋属低热、低脂、低糖食物,还含有凝胶性物质,对防治结肠癌、乳腺癌、肥胖症和胃肠慢性病等有一定的功效。魔芋富含葡萄甘露聚糖。这种物质具有强大的膨胀力和黏韧度,既可填充胃肠,消除饥饿感,又因所含热量极低,故可控制体重,达到减肥健美之目的,也是糖尿病患者的理想食品。

5. 豆类的保健作用

(1)大豆的保健作用　大豆是人们及动物植物蛋白的主要来源,不仅营养丰富,而且有很好的保健功效,可以增强体质,提高机体抗病能力,降血压、减肥、治便秘,极适宜老年人食用。大豆含有多种人体所需的氨基酸以及大豆皂苷,可提高人体免疫力;大豆中的卵磷脂可以除掉附在血管壁上的胆固醇,防止血管硬化,预防心血管疾病,还可以防止肝脏内积存过多的脂肪,防止脂肪肝;大豆含有可溶性纤维,既可通导大便,又可降低胆固醇含量;大豆中含有抑制胰酶的物质,对糖尿病有治疗作用,皂苷也有明显降血糖的作用;大豆异黄酮的结构与雌激素相似,是一种植物活性雌激素,所以能减轻妇女更年期综合症状,延缓女性细胞衰老,使皮肤保持弹性;大豆异黄酮具有抗氧化活性、抗溶血性和抗真菌活性,对乳腺癌、前列腺癌也有明显的防治效果。

(2)绿豆的保健作用 绿豆味甘、性寒，具有清热、祛暑、解毒之功效，被誉为“济世之谷”。绿豆的有效成分具有抗过敏作用，对葡萄球菌以及某些病毒有抑制作用；绿豆中的多糖成分能增强血清脂蛋白酶的活性，使脂蛋白中的甘油三酯水解，达到降血脂的疗效，从而可防治冠心病、心绞痛；绿豆中含有球蛋白和多糖，能促进体内胆固醇在肝脏中分解成胆酸，加速胆汁中胆盐分泌，降低小肠对胆固醇的吸收，从而降低血脂；绿豆中所含的单宁能凝固微生物原生质，产生抗菌活性；绿豆中含有香豆素、生物碱、植物甾醇、皂苷等，能提高吞噬细胞的数量，增强免疫功能。

(3)红小豆的保健功能 李时珍称红小豆为“心之谷”，具有生津液，利小便，消胀、除肿、止吐、下痢、解酒毒、治寒热、痈肿、排脓散血、通乳汁之功效。现代医学研究表明，红小豆对金色葡萄球菌、福氏痢疾杆菌及伤寒杆菌等都有明显的抑制作用。现代医学研究认为，红小豆中的纤维和钾均可将过多的胆固醇和盐分排出体外，具有解毒效果；还可防治心脏性和肾脏性水肿、肝硬化腹水、脚气病水肿、疮毒等病症。

(4)豇豆的保健作用 豇豆甘咸，性平，无毒，入脾、入肾、入胃，具有健脾补肾，防治脾胃虚弱、泻痢、吐逆、消渴、遗精、白带、白浊、尿频等功效。豇豆含易于人体消化吸收的优质蛋白质，适量的碳水化合物，多种维生素和微量元素等营养素，可提高机体综合功能。豇豆所含 B 族维生素能维持正常的消化腺分泌和胃肠蠕动，抑制胆碱酶活性，帮助消化，增进食欲；豇豆所含维生素 C 能促进抗体的合成，提高机体抗病毒能力；豇豆化湿而不燥烈，健脾而不滞腻，为脾虚湿停之品；豇豆中的磷脂能促进胰岛素分泌，参与糖代谢是糖尿病患者的理想食品。

四、粮豆饮食文化的传承与发展

粮豆饮食文化是中国饮食文化的核心和奠基石，从古至今，不断引领饮食文化的发展与创新。

1. 粮豆饮食文化的确立与发展

早在距今4000年前，中国便形成了风格不同的三大类的饮食文化区：一是以粟、菽、麦为主要食物原料的黄河流域饮食文化区；二是以稻米为主食的长江流域饮食文化区；三是以肉酪为主食的中北草原地带饮食文化区。其中，第一及第二饮食文化区均以粮豆为主食，为中国饮食文化的发展奠定基础，可以说没有粮食类和豆类的开发，也就没有今天五彩缤纷的中国饮食文化。

据查，早在“燧人氏”时代，由于“钻木取火”的成功，使人类步入熟食文化时代；至“神农氏”，由于发明耒耜，教民稼穑，使之既有粮食，又有陶具，加上有火，饮食文化有了初步的发展，酒、醋、酪、酢等发酵性食品应运而生；至“黄帝”时期，便有“五谷为养”之说，同时，发明了“蒸锅”（古时叫甑）、“蒸盐”，首次出现“蒸谷为饮，烹谷为粥”的以烹调方法来区别食品，以及懂得用盐来调味；至周秦时期，是以粮豆菜为主的饮食文化形成期。春秋战国时期，旱田作物主要是以稷、小米为五谷之首，粟、麦次之，豆类主要是黄豆、黑豆，南方水田有水稻，多为糯米。周朝以后，中原地区开始引种水稻。至汉代时期，大豆成为主食之一，有豆饭、豆粥以及豆羹、豆芽等，后来淮南王刘安发明豆腐，使豆类的营养价值得以提升。这个时期，借助中西（西域）饮食文化交流，引进石榴、葡萄、西瓜、甜瓜、菠菜、胡萝卜、芹菜、大葱、大蒜等瓜果蔬，以及烹调方法，使饮食文化进入丰富时期；唐宋明清时期，是饮食文化的高峰时期，唐宋时饮食已非常讲究，“素蒸声音部、罔川图小样”。明清时期，增加满、蒙两族的特点，菰米（水生茭白的种子）作主食已彻底被淘汰；麻子也退出主食，改为榨油；豆类也不再作主食，改为菜肴；小麦大幅度增加，成为北方的主食；明朝引进马铃薯、甘薯，成为主食和菜肴。进入近代与现代，粮豆为主的中国饮食文化得到了极大的充实、提高和发展，形成了“选料精良、刀工细巧、火候独到、技法各长、五味调和、食器优美、情趣优雅”的新饮食文化。

2.“南米北面”的饮食文化特点

中国地域辽阔，习俗各异，经长时期的演变与积累，逐步形成“南米北面”的粮豆饮食文化。

(1)地域各异，风味多样 从各地的饮食风味上看，有“南甜北咸东酸西辣”之分，主要有四大风味区——巴蜀、齐鲁、淮扬、闽粤。

(2)春夏秋冬，四季有别 一年四季，冬寒、夏热、春秋爽。寒冬吃味醇浓厚热补的食品；酷暑吃清淡凉爽解毒的食品，如绿豆汤、绿豆粥等。冬天多炖焖煨，夏天多凉拌冷冻，春秋多米面薯芋。

(3)色香味形，美感助食 中国的烹饪技术独到高深，注重食物的色、香、味、形、器的协调统一。“八宝饭”、“五彩米饭”，香米(白米)＋红米＋紫(黑)米＋其他佐料，放入彩瓷碗，香味扑鼻，五彩缤纷，食欲顿开。一个花卷点缀几段葱，既有麦香又有葱气。上餐桌的盘菜插个红萝卜雕成的龙与凤，称“龙凤呈祥”，这盘菜观赏与食用价值便得到提高。

(4)形美结合，情趣高雅 粮豆的烹饪同样能做到色、香、味俱全，进食时配以音乐，或娱乐节目穿插其中，提高了感观、美观、乐观，增进食欲感。用甘薯为主料制作各式各样的食品，开办“地瓜宴”；用大豆为主料，制作各式各样的素食品，开办“豆腐宴”，配以精美的餐具和娱乐节目，情趣无穷。

3. 以粮豆为主的饮食文化艺术特征

由于各时期特定的经济结构、思维方式和文化背景，形成了鲜明的饮食文化艺术特征。

(1)选料在先，精良为主 选料是厨师的首要技艺，佳肴美食的基础。毛料关键是“精”、“细”二字。正如孔子所言，“食不厌精、脍不厌细”。例如四菜一汤的家常便餐中，主食是米饭或面品，“米”要选优质米；“面”，如果做肉包或菜包或馒头，面粉要选购含面筋高的产品，蒸用时易膨胀，松软。主食的搭配品可选用蒸或煮的紫甘薯，不仅白（黄白）与紫色相映，而且营养与消化吸收可互补。“四菜一汤”也要素荤结合，色味相全。比如“汤”可选用富含营养、且清淡可口的股骨菌菇汤；“素”类的选择余地也很大，比如煎豆腐，又如，视个人爱好可选绿油油的菠菜或含硒量高的西兰花等；“荤”可鱼肉结合，鱼可做红烧甜、酸、辣鱼；肉可选清炒肉片、卤猪蹄或东坡肉。这样选料做出来的家常便饭，有荤有素，营养全面，色香味俱全。但也不能餐餐如此，可根据上述选料原则，变换花样。

(2)刀工细巧，火候独到　刀工是使食物保持一定的形态美、为烹调技术的发挥打下基础的关键。中国经历代厨师的反复实践与创新，已形成一套刀法——直刀法、片刀法、斜刀法、剞刀法、雕刻刀法等，把粮、豆、肉、鱼、瓜、果、菜等原料加工成片、条、丝、块、丁、粒、泥等多种形态和丸、球、花等多种花色，以及雕刻成“喜”、“寿”、“福”、“禄”等字样，拼摆成艺术性强、形态逼真的鸟、兽、虫、花草等拼盘。

火候是形成特色菜肴风味的关键之一。火候瞬息万变，没有多年操作实践，很难做到恰到好处。中国厨师久经历练，掌握“火”有旺火、中火、微火等不同火力，了解不同原料的耐热程度，油、水、气的传热性能，原料老嫩程度、形态大小厚薄，确定下锅顺次，才能烹制出美味佳肴。例如蒸米饭，就要了解籼、粳、糯等不同稻米的吸收性，确定下水量和蒸的时间，才能蒸出松软适度的米饭，蒸芋头亦同。福州有道传统名菜——佛跳墙，也是“慢着火，少着水，焖着熟，火候到时鲜又美”。

(3)调味技艺精，五味调和百味香　调味也是中国厨师烹调特色的一门重要技艺。传统与现代的研究认为，调味可矫除原料异味、无味者赋味、确定肴馔口味、增加食品香味、赋予菜肴色泽、消毒杀灭病菌。调味可分为基本调味（加热前的预调味）、定型调味（加热过程中的调味）、辅助调味（加热后进食前的调味）等。这“三调”要做到一丝不苟，才能达到“五味调和百味香”、“料到味和美胜尝”。

(4)美器精湛，情调优雅　中国饮食文化艺术还有一大特色，就是配以精美的食器和优雅的乐具乐境。古人云，“美食不如美器”，也就是说，美食配美器才能美上加美。自古以来，中国饮食器具丰富多彩，有彩陶的粗犷之美，瓷器的清雅之美，铜器的庄重之美，漆器的透逸之美，金银器的辉煌之美，玻璃器的亮丽之美……给予人们美食之外的又一种美好的享受，达到美上加美。

第二章 粮豆食材的识别与选购

一、粮豆商品类型

1. 稻米及其制品的类型

(1)水稻的种群类型 按照我国水稻栽培的分类法,可将其分为五个类群。

①籼亚种和粳亚种种群。这两个种群在植物形态和系统发育上都有明显差异,籼亚种为基本型,粳亚种为变异型。

②早稻、中季稻和晚稻种群。这两个种群的最大区别是前者出穗期不受日照长短的限制,只要积温达到即可;后者则要求在短日照的情况下,才能出穗。

③水稻型和陆稻型种群。这两个种群的主要区别在于对土壤水分的适应性不同。水稻适于水生,陆稻较适于旱生。陆稻起源于水稻,所以,水稻为基本型,陆稻为变异型。

④粘变种和糯变种种群。这两个种群的主要区别在于所含淀粉性质和一些生理现象不同。粘稻含直链淀粉多,糯稻则几乎只含支链淀粉。粘稻为基本型,糯稻为变异型。

⑤品种类群。水稻是所有栽培稻的通称。然而,栽培稻有几万个不同的品种,各个品种均具有不同的形态特征和特性,以及内在的品质特点。所以,选购稻米时,要具体到选购哪个品种的稻米,问清楚其特性及品质,才能确定是否购买。

(2)稻谷质量类型的划分 如果要比较准确地衡量稻谷的质量,又可将其分为 5 个不同类型。

①早籼稻谷。生长期较短、收获期较早的籼稻谷一般处于高

温逼熟的夏季收获，米粒腹白较大，角质粒较少。

②晚籼稻谷。生长期较长，收获期较晚的籼稻谷，一般处于凉爽的秋季收获，米粒腹白较小或无腹白，角质粒较多。

③粳稻谷。粳型非糯性稻的果实籽粒一般呈椭圆形，米质黏性较大，胀性较小。

④籼糯稻谷。籼型糯性稻的果实，糙米一般呈长椭圆形或细长形，米粒呈乳白色，不透明，也有呈半透明状，黏性大。北方人称糯米为“江米”。“长江米”即米粒比较细长的籼糯米。

⑤粳糯稻谷。粳型糯性稻的果实，糙米一般呈椭圆形，米粒呈乳白色，也有呈半透明状，黏性大。北方人称粳糯米为“圆江米”，即米粒比较圆的粳糯米。

这里顺便提一下市场销售的“西米”。西米不是稻米，是棕榈树类（特别是西谷椰树）的核或软核经机械处理、浸泡、沉淀、烘干后提取的淀粉，加工成质净色白的珍珠西谷。

(3)优质稻谷大米的质量指标

①优质稻谷。按国家颁布的标准 GB/T 17891—1999《优质稻谷》去识别。籼稻谷、粳稻谷一般分为三个等级，各有 12 个指标，籼糯谷、粳糯谷则不分等级。优质稻谷质量标准见表 2-1。

定级标准主要以整米率、垩白度、直链淀粉含量、食味品质等四项为定级指标，应达到表 2-1 中的规定。其余指标，如有两项以上指标不合格，但不低于下一级指标的，则降一级定等级；任何一项指标达不到三级要求时，则不能作为优质稻谷。有这个统一的规定，在选购优质米时，就能做到心中有数，一目了然，防止受骗。

②优质大米。大米质量指标可参见国家标准 GB 1354—2009《大米》，大米质量指标见表 2-2。

(4)稻米制品类型。除特种专用加工的蒸谷米、免淘米、水磨米、营养强化米、留胚米、发芽糙米等外，使用稻米加工制作的食品统称为稻米制品。稻米制品可分为以下几种类型：

表 2-1　优质稻谷质量指标（GB/T 17891—1999《优质稻谷》）

类别	等级	出糙率（%）≥	整精米率（%）≥	垩白粒率（%）≤	垩白度（%）≤	直链淀粉（干基）%	食味品质分≥	胶稠度（mm）≥	粒型（长宽比）≥	不完善粒（%）≤	异品种粒（%）≤	黄粒米（%）≤	杂质（%）≤	水分（%）≤	色泽气味
籼稻谷	1	79.0	56.0	10	1.0	17.0～22.0	9	70	2.8	2.0	1.0	0.5	1.0	13.5	正常
	2	77.0	54.0	20	3.0	16.0～23.0	8	60	2.8	3.0	2.0	0.5	1.0	13.5	正常
	3	75.0	52.0	30	5.0	15.0～24.0	7	50	2.8	5.0	3.0	0.5	1.0	13.5	正常
粳稻谷	1	81.0	66.0	10	1.0	15.0～18.0	9	80	—	2.0	1.0	0.5	1.0	14.5	正常
	2	79.0	64.0	20	3.0	15.0～19.0	8	70	—	3.0	2.0	0.5	1.0	14.5	正常
	3	77.0	62.0	30	5.0	15.0～20.0	7	60	—	5.0	3.0	0.5	1.0	14.5	正常
籼糯稻谷	—	77.0	54.0	—	—	≤2.0	7	100	—	5.0	3.0	0.5	1.0	13.5	正常
粳糯稻谷	—	80.0	60.0	—	—	≤2.0	7	100	—	5.0	3.0	0.5	1.0	14.5	正常

表 2-2　大米质量指标（GB 1354—2009《大米》）

品种		籼米				粳米				籼糯米			粳糯米		
等级		一级	二级	三级	四级	一级	二级	三级	四级	一级	二级	三级	一级	二级	三级
加工精度		对照标准样品检验留皮程度													
碎米	总量（%）≤	15.0	20.0	25.0	30.0	7.5	10.0	12.5	15.0	15.0	20.0	25.0	7.5	10.0	12.5
	其中小碎米/（%）≤	1.0	1.5	2.0	2.5	0.5	1.0	1.5	2.0	1.5	2.0	2.5	0.8	1.5	2.3

续表 2-2

品种		籼米				粳米				籼糯米			粳糯米		
等级		一级	二级	三级	四级	一级	二级	三级	四级	一级	二级	三级	一级	二级	三级
加工精度		对照标准样品检验留皮程度													
不完善粒/(%)≤		3.0		4.0	6.0	3.0		4.0	6.0	3.0	4.0	6.0	3.0	4.0	6.0
杂质最大限量	总量/(%)≤	0.25		0.3	0.4	0.25		0.3	0.4	0.25		0.3	0.25		0.3
	糠粉/(%)≤	0.15		0.2		0.15		0.2		0.15		0.2	0.15		0.2
	矿物质/(%)≤	0.02													
	带壳稗粒/(粒/kg)≤	3		5	7	3		5	7	3		5	3		5
	稻谷粒/(粒/kg)≤	4		6	8	4		6	8	4		6	4		6
水分/(%)≤		14.5				15.5				14.5			15.5		
黄粒米/(%)≤		1.0													
互混/(%)≤		5.0													
色泽、气味		无异常色泽和气味													

1)磨粉制品　用大米碾磨成粉制作成各种食品。

①米粉。如福建莆田的兴化粉，厦门的白鹭牌米粉、漳州荔枝牌米粉、安溪的湖头米粉、福州桐口米粉，广东东莞的方米粉、肇庆的米排粉、中山的濑粉等。

②湿米切粉。具有地方品牌的有炒粉、水粉、猪粉、大碱水肠粉、虾米肠粉、油条肠粉、甜肠粉、猪血肠粉、猪肝肠粉、牛油肠粉、凤凰肠粉、肠粉等。

③干米切粉。有梧州切粉、龙门切粉、辣椒切粉、茄汁切粉、北押切粉等。

④湿米榨粉。有桂林米粉、银丝米粉等。

⑤干米榨粉。有粗条米排粉、细条米排粉、方块米粉、波纹米粉等。

⑥年糕。用精糯米经水洗、浸渍、蒸熟成饭、捣细、添辅料合成各式各样的年糕，如福建石狮年糕等。

⑦米糕。一般用籼米碾磨成粉，按需求放入定型容器中，蒸成蓬松的米糕，如福建泉州的"碗糕"、福州的米糕等。

2)酒类制品

①米酒。米酒滋补、保健、抗氧化，种类有农家米酒，各地特别是山区农家均有自制的米酒，除自饮外，还要上市；还有工厂化生产的米酒，如福建龙岩的甜型黄酒——"沉缸酒"、福建省屏南县的"惠泽龙"，尤溪县的"闽族红"等。

②酒精。用稻米，主要是陈米，经一定的设备和工艺精制而成无色透明、具有特殊香味的液体，广泛应用于医药卫生、化学、国防、食品、燃料等行业。

3)米糠提取物　稻米加工后产生的米糠富含的营养成分比精米丰富得多，可从中提取许多药用品、食用品和糠蜡等产品。

①药物制品。如谷维素、谷甾醇、植酸钙、肌醇等。

②食物制品。主要是提取米糠油。这种油亚麻酸含量低，维

生素 E 含量较高，可降低胆固醇、血压，具有刺激人体内激素分泌，促进人体发育等作用。

③糠蜡制品。糠蜡是高级一元醇与高级脂肪酸形成的酯类，用途甚广，可作为照明材料、电器的绝缘材料，还可用于制造蜡纸、蜡笔、地板蜡、皮鞋油、车用上光蜡、抛光膏、胶膜剂、唱片材料、纤维用乳胶、水果喷洒保鲜剂、胶母糖等。

2. 面粉及其制品的类型

(1)小麦粒质的分类　面粉的质量主要源于不同类型的小麦质量，其次是加工工艺等。所以，选购面粉时，必须懂得小麦粒质分类的常识。根据国家颁布的标准 GB 1351—2008《小麦》，按小麦的皮色、粒质和播种季节分为 9 个类型。小麦粒质类型见表 2-3。

表 2-3　小麦粒质类型

序号	类型	种皮颜色	色麦粒占率(%)	①角质率(%) ②粉质率(%)	播种季节	备注
1	白色硬质冬小麦	白色或黄白色	不低于 90	①不低于 70	冬季	其他类型小麦分类尚未规定
2	白色硬质春小麦	白色或黄白色	不低于 90	①不低于 70	春季	
3	白色软质冬小麦	白色或黄白色	不低于 90	②不低于 70	冬季	
4	白色软质春小麦	白色或黄白色	不低于 90	②不低于 70	春季	
5	红色硬质冬小麦	深红色或红褐色	不低于 90	①不低于 70	冬季	
6	红色硬质春小麦	深红色或红褐色	不低于 90	①不低于 70	冬季	
7	红色软质冬小麦	深红色或红褐色	不低于 90	②不低于 70	冬季	
8	红色软质春小麦	深红色或红褐色	不低于 90	②不低于 70	春季	
9	混合小麦	不符合上述序号 1～8 各项规定的小麦				

(2)小麦质量指标的分级　国家标准 GB 1351—2008《小麦》将小麦按容重分为 5 个等级，低于第五等列为等外小麦。小麦质量指标分级规定见表 2-4。

表 2-4　小麦质量指标分级规定

等级	容量（克/升）	不完全粒（%）	杂质（%）		水分（%）	色泽气味
			总量	其中：矿物质		
1	≥790	≥6.0	≤1.0	≤0.5	≤12.5	正常
2	≥770	≥6.0	≤1.0	≤0.5	≤12.5	正常
3	≥750	≥6.0	≤1.0	≤0.5	≤12.5	正常
4	≥730	≥8.0	≤1.0	≤0.5	≤12.5	正常
5	≥710	≥10.0	≤1.0	≤0.5	≤12.5	正常

(3)面粉质量的分级　目前，国家规定的面粉质量只分两个等级，即特制粉和标准粉，只是在淀粉、蛋白质、脂肪、纤维素、矿物质等方面的含量有不同的要求。

(4)面粉制品类型　利用面粉加工制作的各种食品统称为面粉制品，可分为蒸煮类面食品和焙烤类面食品两种类型，消费者可根据需要购买面粉来制作面食品。

1)蒸煮类面食品

①挂面。一是普通挂面，即面粉加水和少量盐，经几道工序制作而成，煮后有弹性，不浑汤，具麦清香味；二是风味挂面，即在制作普通挂面的基础上，添加果汁或菜汁或调味料等风味辅料制作而成，消费者可按自己的口味要求选购；三是营养保健挂面，即在配料中添加具有保健价值的成分制作而成，如麦胚挂面、黑芝麻挂面、螺旋藻挂面、薏米挂面、减肥挂面、降胆固醇挂面等。

②方便面。这种即食制品很适应现代快节奏生活，开水一冲，便可食用；按汤料和风味的不同，可分为牛肉面、三鲜面、排骨面、鸡味面、香菇面等。

③馒头。以面粉、水、酵母为原料，经和面、发酵、成形和汽蒸而成，具典型麦香味。

④蒸包。即在发酵或半发酵面皮里包上馅料汽蒸而成，有

素、荤两类各式各样的蒸包，例如韭菜鸡蛋蒸包、豆沙包、果酱包、甜包、胡萝卜包等各种蔬菜的蒸包，虾三鲜包、猪肉或羊肉或狗肉为主的肉包等，消费者可视需选购。

2)焙烤类面食品　主要有面包、饼干、糕点三大类。

①面包及其分类。一是按面包的柔软度分为硬式面包和软式面包。硬式面包大部分产在欧洲，如法国棒式面包，荷兰脆皮面包、维也纳辫形面包、英国茅屋面包、意大利橄榄面包等；软式面包大部分为亚洲和美洲国家所生产，如小圆面包、热狗、汉堡包、三明治等。二是按质量档次高低分类，包括主食面包和点心面包两种。主食面包以面、水、酵母、盐为主，其他辅料较少，如咸面包、快餐面包等；点心面包中配有较多的油、糖、蛋、奶等辅料，如各种保健面包、水果面包、起酥面包等。三是按成形难易及配料多少分为普通面包和花色面包。普通面包成形简单，配料种类较少，如意大利的咸面包等；花色面包成形操作复杂，配料品种较多，形状各异，如夹馅面包、起酥面包、果料面包等。

②饼干及其分类。按原料配比不同分为五类，即粗饼干、韧性饼干、酥性饼干、甜酥饼干和发酵饼干。

③糕点及其分类。主要有蛋糕和点心两类。蛋糕又分为四类：即海绵蛋糕、水果蛋糕、油脂蛋糕和装饰蛋糕。点心可分为中式点心和西式点心两类。中式点心多以面粉为主料，辅以油（主要为植物油、猪油）、糖、蛋和调味料，焙烤、蒸煮或油炸而成；西式点心的选料以专用面粉、油、糖、蛋、奶并重，焙烤而成。

3. 玉米及其制品的类型

我国玉米资源非常丰富，遍布大江南北，不仅是北方地区的主粮之一，而且可用其制作各式各样的食品。

(1)玉米籽粒的分类　国家标准 GB 1353—2009《玉米》将玉米划分为三类。这三类均以种皮颜色来划分。

①黄玉米。种皮为黄色，包括略带红色的黄色玉米。

②白玉米。种皮为白色，包括略带黄色或粉红色的白色玉米。

③混合玉米。混入本类以外玉米超过5.0%的玉米。

(2)玉米的质量指标　按国标规定分为三个等级，各级主要差别在容重要求不同。玉米的质量指标及等级划分见表2-5。

表2-5　玉米的质量指标及等级划分

等级	容重（克/升）	杂质（%）	水分（%）	不完全粒（%）		色泽气味
				总量	其中：生霉粒	
1	≥710	≤1.0	≤14.0	≤5.0	≤2.0	正常
2	≥685	≤1.0	≤14.0	≤5.0	≤2.0	正常
3	≥660	≤1.0	≤14.0	≤5.0	≤2.0	正常

(3)玉米制品的类型

1)玉米粉　用玉米干籽粒碾磨制成的粉为玉米粉，加工方法有两种：一是不去胚工艺加工成的玉米全粉，这种粉因留胚营养价值更高，但会影响保质期；二是采用去胚工艺，即去皮去胚后碾磨成粉，胚芽等还可分离出其他产品。购买玉米粉，可用其制作各式各样的玉米食品。

2)玉米淀粉　淀粉是食品和工业上的重要原料。适于加工成玉米淀粉的是马齿型玉米，玉米籽粒中可提取70%以上的淀粉，比从稻、麦、薯等作物中提取淀粉划算得多。

3)玉米油　玉米油是高品质的食用油，其亚油酸含量达60%以上。亚油酸是构成人体细胞膜的重要组成成分，还具有柔肤、美容、抗氧化、防动脉硬化等多种保健功能，被称为"保健油"、"长寿油"。墨西哥全国基本上食用玉米油，朝鲜食用油消费中玉米油占80%，美国年产玉米油20万吨左右，消费量很大。玉米胚中含油量占玉米籽粒含油量的80%以上，玉米油主要从玉米胚中提炼。

4）玉米方便食品

①玉米薄片方便粥。即玉米经挤压膨化、通过切割造粒和压片成形，就可冲调出复水性能好的方便粥。其产品质地柔和，口感爽滑，清香风味，易于消化。

②玉米方便面。采用湿法磨粉和挤压自熟、一步成形的新工艺，生产出碗装或袋装的玉米方便面，沸水一冲，即可食用。这种产品柔和韧滑，清香可口。

5）玉米休闲食品

①玉米爆米花。选用裂爆型的玉米加工而成，是一种香甜质脆，高纤维、低热量的休闲食品。

②玉米饼干。这种饼干营养较为丰富，主辅料中有玉米糁、面粉、菊花油、白糖、怡糖、山珍果仁等。

③玉米面包。用玉米粉、标准面粉、鲜红薯丝、精盐等精制烘烤而成。

④玉米蛋糕。用玉米粉、鸡蛋、糖稀、白糖、植物油、牛奶、食盐、小苏打、发酵粉等精制而成。

⑤玉米香酥豆。精选玉米籽粒，经浸泡、去皮、煮熟、油炸、拌糖粉而成。

⑥玉米饴糖。由玉米芯干品、大麦芽、麦麸等制作而成。

⑦玉米胚饮料。玉米胚是玉米籽粒中营养价值最好的部分。其主要营养成分占籽粒的比重为：低聚糖占 65%、蛋白质占 22%，脂肪占 84%，矿物质占 83%。所以，将玉米胚加工成饮料营养价值较高且风味清香、酸甜适口，作为休闲饮料，深受欢迎。

6）甜玉米类食品　甜玉米有两种类型，即普通甜玉米和超甜玉米。普通甜玉米的胚乳中含有 10%左右的糖分；超甜玉米的含糖分则约为干物质的 20%。其产品有以下几种。

①整穗真空软包装甜玉米。经剥叶去须→预煮→漂洗→整理→装袋→封口→杀菌→冷却→干燥等工序加工而成，既有甜

度，食用又安全。

②速冻甜玉米。有两种类型，即整穗速冻和粒状速冻。整穗速冻是将整个玉米穗剥皮、去须，洗净后在沸水中煮12分钟，再冷却、冻结、分级包装，而后冷藏，按市场需求取出销售；粒状速冻的工艺程序大致与整穗速冻相似，差别主要在先用铲粒机脱粒后再按工艺流程速冻。

③甜玉米羹罐头。又称奶油型甜玉米糊，因全粒被磨碎的或1/2粒呈奶油状而得名。

④甜玉米粒罐头。将果粒切成近似全粒形，注入一定数量的调味液，装罐、密封、杀菌而成的产品。

4. 薯芋类及其制品的类型

这里只介绍甘薯、马铃薯、芋头、魔芋及其制品。其总体上可分为三种类型，即鲜品类、粉制类及加工品类。

(1)鲜品类　即采购鲜薯(芋)经蒸煮(烤)后食用。

①鲜甘薯。选购鲜甘薯根据自己的嗜好可从三个方面选择。一是薯色。甘薯的肉色有白、黄、橙红及紫色等，符合自己喜好的颜色，看起来舒心，吃起来增进食欲感。二是松甜度。各种品种淀粉含量高低不一。如果爱吃比较疏松的甘薯，宜选淀粉含量高的品种；如果爱吃比较甜软的甘薯，宜选淀粉含量较低、可溶性糖含量较高的品种。三是保健功能。甘薯既营养又具保健作用，但各品种有差异。比如要求保健功能更强的甘薯可选紫薯。因为紫薯还含有较高的花青素和硒，具有清除自由基的抗氧化保健作用。

②鲜马铃薯。上面已经提到马铃薯营养丰富，又有保健作用。马铃薯是一种营养价值较高的食品，可蒸煮作主食，亦可炒做菜食。

③鲜芋头。有质地疏松的槟榔芋，也有质地柔软的水芋，可视需选取蒸煮食用。

④鲜魔芋。魔芋属碱性食品，具低热、低脂、低糖，最大的利用价值是含葡萄甘露聚糖。这种物质具有强大的膨胀力，其黏韧度超过任何一种植物胶。但魔芋全身有毒，购买的块茎必须煎煮3小时以上，将俗称“麻味素”的有毒物质去除，才可食用。较好的办法是将魔芋块茎加工成魔芋粉，并制成魔芋豆腐等食用。

(2)制粉类　是用甘薯、马铃薯、木薯等来提取淀粉。淀粉是食品的重要组成部分，亦是人和动物热能的主要来源，又是工业生产重要的原、辅材料之一。薯类淀粉可在市场上采购到，也可用鲜薯自行提取，但要选用含淀粉量高的品种，一般含量要在25%左右。

(3)薯芋制品类

①甘薯(红薯)制品。以甘薯或甘薯淀粉为原料，可制作名目繁多的食品，如速冻甘薯、甘薯粉丝(条)、甘薯果脯(如福建连城地瓜干系列产品)、香酥红薯片、红薯烧酒、红薯粉皮、红薯罐头、红薯泥(开封)、红薯发糕、甘薯饴糖、甘薯酥糖、红薯酥饼干、红薯凉粉、红薯豆腐、油炸膨化红薯、蜜薯干等。

②马铃薯制品。以马铃薯粉为原料，可制作名目繁多的食品，如炸薯条(麦当劳等常用的油炸薯条)、土豆丝(有香油、凉拌、青椒、醋熘等类型)、土豆饼、土豆球、土豆粉丝等。

③芋头制品。芋头因淀粉含量高，且淀粉的颗粒小，仅为马铃薯的1/10，易于消化，其消化率可达98.8%。因此，可熟食、干制或制粉。主要制品有鲜芋蒸熟品、芋条速冻品、芋泥、芋粉、香芋饼等；以及用其作主料，与肉等辅料、调料制作的食品，如芋头扣肉、芋头排骨煲、芋头炒肉丁、芋头烧鸡等。

④魔芋制品。魔芋块茎有毒，中毒后，舌、喉灼热、痒痛、肿大，民间常用醋加姜汁少许，内服或含漱可以解毒。因此，魔芋食前必须经磨粉、蒸煮、漂洗等工序脱毒。主要制品有魔芋豆腐、魔芋挂面、魔芋膏、魔芋面包、魔芋酒，以及用魔芋豆腐和鸡制作成

魔芋鸡、魔芋红烧肉、魔芋香辣蟹、魔芋烧鸭等。用魔芋还可制作一些药品和工业用品。

5. 豆类及其制品类型

(1)大豆的分类　根据大豆籽粒种皮颜色和粒形可分为五类。

①黄大豆。种皮为黄色。按其粒形分为两种。北黄大豆:颜色为黄色,粒形多为圆形、椭圆形,有光泽或微光泽。脐色多为黄褐色、浅褐色或深褐色。一般大豆:粒色一般为黄色、淡黄色。粒形较小,多为扇圆形和长椭圆形。脐色为黄褐色、淡褐色或深褐色。

②青大豆。种皮为青色。按其子叶的颜色分为两种,即青皮青仁大豆和青皮黄仁大豆。

③黑大豆。种皮为黑色。按其子叶的颜色分为两种,即黑皮青仁大豆和黑皮黄仁大豆。

④其他大豆。种皮为褐色、棕色、赤色等单一颜色的大豆。

⑤饲料豆(秣食豆)。一般籽粒较小,呈扁长椭圆形(肾脏形),两片子叶上有凹陷圆点,种皮略有光泽或无光泽。

(2)大豆质量标准的分级　国家标准 GB 1352—2009《大豆》中规定,各类大豆按纯粮率(即除去杂质的大豆占试样重量的百分率)高低划分为五个等级。其中三等定为中等标准,低于五等为等外大豆。大豆质量指标的分级见表 2-6。

(3)大豆及其制品类型

①豆腐类。包括豆腐(豆干)、豆浆、豆腐脑,以及用其做成的其他豆制品。

②腐竹类。制作豆浆时,表面蛋白质成膜进而形成软皮,揭出烘干而成腐竹,用其可以做成很多食品。

③豆乳蛋白饮料类。包括豆乳、豆炼乳、酸豆乳、豆乳晶等。

④豆乳粉类。为解决豆乳含水量高、运输销售的不便的问

题，而生产出干品——豆乳粉、豆浆晶等功能性饮料。

表 2-6 大豆质量指标的分级

等级	纯粮率（%）	杂质（最低指标，%）	水分（%）		色泽、气味
			华北地区	华东及其他地区	
1	96.0	1.0	13.0	14.0	正常
2	93.5	1.0	13.0	14.0	正常
3	91.0	1.0	13.0	14.0	正常
4	88.5	1.0	13.0	14.0	正常
5	86.0	1.0	13.0	14.0	正常

⑤保健药用品类。包括从豆粕中提取的大豆低聚糖，大豆异黄酮、大豆皂苷；从大豆皮渣中提取的膳食纤维；从豆浆水中提取的维生素 B_{12}；从豆渣中提取的核黄素等。

(4)绿豆及其制品类型 以绿豆为主原料配制的营养保健食品，如纯绿豆汤、薏米绿豆汤、百合绿豆汤、薄荷绿豆汤、南瓜绿豆汤、海带绿豆汤、绿豆糯米粥、绿豆竹叶粥等；糕点类，如绿豆沙、绿豆饼等。

二、粮豆商品上市的先决条件

1. 识别粮豆商品质量安全的类型和标志

根据国情现状和发展趋势，我国将食品质量安全分为三种梯度类型，塔底为无公害食品，塔中层为绿色食品，塔上层为有机食品。这三种类型均要通过国家有关部门认证，发给证书，粮豆产品方可入市。此外，有关质量安全还有 QS、HACCP、GMP 等要求和标志。

(1)无公害食品 是按照无公害食品技术标准和要求生产、符合通用卫生标准、并通过有关部门认定的安全食品。粮豆无公害食品区别于常规粮豆产品，是对产地环境条件、栽培管理中的化肥、农药等施用，以及加工过程的安全管理，均要符合国家标准要求，并获农业部农产品质量安全中心颁发的证书。无公害农产品标志如图 2-1 所示。

图 2-1 无公害农产品标志

(2)绿色食品 是指按照特定生产环境和生产方式生产，产品符合 NY/T391—2000《绿色食品》规定的 4 项标准(即产地环境条件、原材料使用、栽培管理和采收加工)，并经农业部绿色食品发展中心认证审批发证的食品。粮豆的绿色食品与其他绿色食品一样，分为 AA 级和 A 级两种。AA 级绿色食品标准要求生产地的环境质量符合《绿色食品产地环境质量标准》，生产过程中不使用化学合成的农药、肥料、食品添加剂、饲料添加剂、兽药及有害于环境和人体健康的生产资料，而是通过使用有机肥、种植绿肥、作物轮作、生物或物理方法等技术，培肥土壤、控制病虫草害，这种产品即为 AA 级绿色食品。A 级绿色食品的标准要求生产地的环境质量符合《绿色食品产地环境质量标准》，生产过程严格按绿色食品生产资料使用准则和生产操作规程要求，限量使用限定的化学合成生产资料，并积极采用生物学技术和物理方法，所生产的产品即为 A 级绿色食品。绿色食品标志如图 2-2 所示。

(3)有机食品 国际上最高食品质量安全标准的通称，是遵循有机农业生产标准，在生产中不采用基因工程获得的生物及其产物，不使用化学合成的农药、化肥、生长调节剂、饲料添加剂等物质，遵循自然规律和生态学原理，协调种植业和养殖业的平衡，采用一系列可持续发展的农业技术，维持持续稳定的农业生产体系，这种体系所生产和加工的产品称为有机食品。有机食品是食

A级绿色食品标志（左）　　AA级绿色食品标志（右）

图 2-2　绿色食品标志

品质量安全的最高标准，必须通过国家环境保护部有机食品发展中心（OPDC）等的认证，审批发证。有机食品认证和换证如图 2-3 所示。

中国有机产品GAP认证　中国有机转换产品认证　南京国环OFDC有机认证　中绿华夏有机认证

图 2-3　有机食品认证换证标志

（4）质量安全 QS　QS 是英文 Quality Safety 的缩写，意为“质量安全”。食品加工企业获得食品质量安全生产许可证，其产品经出厂检验合格后，出厂销售前，必须在最小销售单位（袋、盒等）的食品包装上，标注由国家统一制定的食品质量安全生产许可证编号，并加印或者加贴食品质量安全市场准入标志“QS”，粮豆加工产品才能准入市场销售。QS 标志样式如图 2-4 所示。

（5）危害分析及关键控制点 HACCP　是英文 Hazard Analysic Critical Control Point 的缩写，意为“危害分析及关键控制点”。这是一种国际认可的食品安全管理体系的认证。其加工的产品要保证免受生物性、化学性及物理性的危害。要达到这一

图 2-4　QS 标志样式

目的，主要是通过科学和系统的方法，分析和查找食品生产、加工、消费过程的危害点，并进行评估（HA），找出对最终产品质量影响的关键控制点（CCP），进而采取相应的预防控制措施，在危害发生之前就得到有效控制，从而确保产品的安全卫生质量。例如，我们针对传统地瓜干产品存在“高硫、高糖、高菌、低水分”的问题，进行创新性研究，提出要变“三高一低”为“三低一高”，即低硫（SO_2≤10mg/kg）、低糖（总糖≤40g/100g）、低菌（菌落总数及霉菌≤100cfu/g）、高水分（含水分≥20%）的目标，进而从原料薯、加工过程，直至包装找出危害点，而后从改进加工设备和加工工艺上采取相应控制措施，从而生产出达标的产品，产品可出口质量安全管制最严的日本等国家和地区。HACCP 认证标志如图 2-5 所示。

（6）良好作业规范 GMP　是英文 Good Manufacturing Practice 的缩写，意为“良好作业规范”或是“优良制造标准”。通过 GMP 认证的食品生产与加工企业可在食品包装上打上（或贴上）GMP 认证标志。GMP 认证标志如图 2-6 所示。

经过 GMP 认证的产品，消费者就有了安全的权利即保证产品质量安全卫生；提供正确的产品标志，并可获知该产品在制造、包装、储运过程的安全卫生；根据产品的 GMP 标志，提供选购既合法又优良的产品的权利；根据标志编码的可追溯性，为消费者提供申诉意见的渠道。粮豆产品一旦打上 GMP 标志，消费者同样享有以上 4 项权利。

图 2-5　HACCP 认证标志

图 2-6　GMP 认证标志

2. 粮豆产品市场准入条件

(1)国家商务部规定的入市条件　国家商务部于 2007 年颁布了《流通领域食品安全管理办法》文件，明确规定市场应与入市经销商签订食品安全保证协议，对质量安全承担责任。市场准入制度基本要求有如下几点：

①生产许可证。要求粮豆（如大米、面粉、大豆等）生产和加工企业具备原料进厂把关、生产设备、环境条件、工艺流程、质量管理、产品标准、贮藏运输、包装标志等为保证产品质量安全的必备条件，并在取得生产许可证后，方可生产销售粮豆产品。

②产品合格证。要求企业生产加工的产品必须经检验合格，并贴上合格证，方可出厂入市。

③安全承诺。要求企业对合格产品加贴 QS 标志，对产品质量安全做出承诺，承担责任。

(2)国家农业部对入市产品包装标识的规定　国家农业部于 2006 年 11 月 1 日颁发实施《农产品包装和标识管理办法》，明确规定食品包装用品应符合国家强制性技术规定要求。规定指出，塑料袋应符合 GB 9693—1988《食品包装用聚丙烯树脂卫生标准》，以及 GB 9687—1988《食品包装袋聚乙烯成型品卫生标准》的规定。选购粮豆产品时，一定要对包装物进行审视，防止不合格（或含有毒物质）包装物混入其中。

①审视包装物基质材料时，要看是否按上述国家规定的用聚丙烯或聚乙烯的卫生安全成品标准材料制成。这种材料表面光亮透明，无微孔和杂斑点；而采用废塑料加工的再生膜包装材料，颜色灰白或带绿、红、黄、紫等颜色，透明度差，无光泽。

②审视包装物上的图文标志时，还要注意审视包装物上是否印有相应的图案、商标、QS 等标志；审视包装物上是否标明商品名称、净重、营养成分、食用方法、生产厂家及地址、产品批号、出厂日期、保质期以及商品条形码等。如果没有上述标志或缺项，粮豆产品视为不合格产品，不可购买。

3. 弄清粮豆商品质量等级

"按质论价"是购买商品的常识。这个"质"是指商品的质量，而质量好坏是分等级的，不同的等级有不同的价格。

(1)大米的质量等级　大米由稻谷加工而成，具体质量指标见表 2-1、表 2-2。

(2)面粉的质量等级　如果选购小麦籽粒自行加工成面粉，请参照表 2-4 小麦籽粒质量指标分级规定。如果选购面粉，加工成面粉制品，则可参照表 1-2 国家规定的面粉质量指标，将其分为特制粉和标准粉两个等级，可视其所要加工的制品需要选择购买。

(3)玉米的质量分级　请参照表 2-5，国家将其分为三个等级，质量指标的差别主要在容重。

(4)薯芋类绿色食品的质量等级　薯芋类由于个体大，各类品种繁多，目前国家尚未制定质量指标分级标准。但国家农业部将薯芋类归类于蔬菜，具体质量要求请参见 NY/T 1049—2006《绿色食品薯芋类蔬菜》。该标准要求：一是要对环境及生产资料进行监测和检测，并符合 NY/T 391、NY/T 394、NY/T 393 的规定；二是感官要求：外形正常、大小均匀，色泽正常、新鲜、清洁，无病虫害、冷害、冻害、黑心、腐烂、机械伤、发芽等，同一规格样品整齐度应≥85％，每批样品中不符合感官质量要求的按质量计不应超过 5％。薯芋类食品安全指标见表 2-7。

表 2-7　薯芋类食品安全指标　（单位：毫克/千克）

序号	项　目	指　标
1	无机砷（以 As 计）	≤0.05
2	铅（以 Pb 计）	≤0.1
3	汞（以 Hg 计）	≤0.01
4	镉（以 Cd 计）	≤0.1
5	铬（以 Cr 计）	≤0.5
6	氟（以 F 计）	≤1.0
7	乙酰甲胺磷（acephate）	≤0.2
8	甲胺磷（methamidophos）	不得检出（≤0.05）
9	马拉硫磷（malathion）	≤0.2
10	对硫磷（parathion）	不得检出（≤0.01）
11	辛硫磷（phoxim）	≤0.05
12	杀螟硫磷（fenitrothion）	≤0.1
13	倍硫磷（fenthion）	≤0.05
14	敌百虫（trichlorphon）	≤0.1
15	敌敌畏（dichlorvos）	≤0.2
16	乐果（dimethoate）	≤0.2
17	毒死蜱（chlorpyrifos）	≤0.05
18	溴氰菊酯（deltarnethrin）	≤0.2
19	氯氰菊酯（cypermethrin）	≤0.2
20	氯菊酯（permethrin）	≤0.5
21	甲萘威（carbaryl）	≤1.0

续表 2-7

序号	项 目	指 标
22	三唑酮(triadimefon)	≤0.05
23	百菌清(chlorothalonil)	≤1.0
24	多菌灵(carbendazim)	≤0.1
25	亚硝酸盐(以 NO_2^- 计)	≤2.0

注:其他有毒有害的物质指标应符合国家有关法律、法规、行政规章和强制性标准的规定。

该标准适用于绿色食品甘薯、马铃薯、魔芋、山药、菊芋、蕉芋、葛、姜、草食石蚕等薯芋类蔬菜。

(5)大豆的质量等级 大豆不以豆粉,而以籽粒来划分质量等级,可参照表 2-5 所列的五个等级购买所需的级别,其余豆类,如绿豆、红小豆、豇豆等,从总体上讲,属数量较少的商品,目前尚未见国家相关部门给予质量标准分级、定级,只有某些企业自行定级。

三、粮豆商品的识别与选购

1. 大米及其制品的识别与选购

(1)大米的识别与选购 大米有籼、粳、糯三种类型,主要是直链淀粉含量高低不同。南方人爱吃出饭率高、较干爽、蓬松的米饭,这就要选购直链淀粉含量较高的籼米;北方人爱吃较软柔的米饭,这就要选购直链淀粉含量较低的粳米;至于糯米,一般有其特殊用途,如做年糕、酿制糯米酒,则可视需要选购。选购大米除要注意选购优质、安全大米外,还特别要注意辨别变质的大米。大米变质,主要是霉变,而霉变的产物是黄曲霉毒素。这是一种被世界卫生组织(WHO)划定为 1 类致癌物的毒素。因此,选购大米时要注意大米的外观和品质的变化。这种变化的直观表现

主要在色泽和气味上,可从以下几个方面加以辨别:

①异味。大米由于发热加速微生物活动而散发出轻度的霉味,使香气减退或消失,出现异味是霉变的先兆。

②出汗。由于米粒微生物及糠粉的强烈呼吸作用,局部水分聚积,米粒表面出现潮润现象,俗称"出汗"。

③发软。出汗部位的米粒含水分增加,硬度降低,手搓或牙咬清脆度减弱,这种米的散落性降低。

④颜色。由于米粒表面水汽凝聚,色泽变得鲜艳,特别是胚乳的透明度略有增加。

⑤起毛。米粒潮润,黏附糠粉或未碾去的皮层浮起,显得毛糙,不光洁,俗称"起毛"。

⑥起眼。大米的胚部较松软,含营养物质较多,是菌落首先入侵的主要部位,细菌侵入后使胚部变色,俗称"起眼"。菌丝体生长,不仅生毛,且米色逐渐从咖啡色变为墨绿色。

⑦起筋。米粒侧面与背面的沟纹呈白色,继而呈灰白色,如筋纹,俗称"起筋"。

在上述米粒出现轻度异味、出汗、发软等现象时,是大米霉变的开始,所以,在购买时一定要注意。

(2)紫米的识别与选购 紫米具有独特的营养价值和保健功能,如著名的"墨江紫米"。选购时,一是看粒形。典型的墨江紫米米粒呈细长形,颗粒饱满均匀,而黑米粒形很难与紫米完全一致,不一致部分为异粒。二是看粒色。典型紫米外观色泽呈紫白色或紫白夹带小紫色块,用水洗涤水色呈黑色(实际是紫色),用手抓取易在手指中留有紫黑色,用指甲刮除米粒上的色块后米粒仍然呈紫白色。

(3)黑米的识别与选购 纯正黑米水洗后变为紫红色,是正常现象。因为黑米粒表皮的花青素是水溶性的,热水洗,冷水泡,均会使水变成紫红色。鉴别黑米是不是染色黑米,简单的办法是在黑米中随机挑选10粒摆在白瓷盘上，然后对每一粒黑米滴上一滴白醋，经化学反应，如果白醋变红色，即为真黑米；如果白醋变黑色，即为染色黑米；如果白醋有红有黑，则是掺杂别的品种的黑米。

(4)大米制品的识别与选购　大米制品品种繁多，这里只以较大宗的“米粉”为例进行介绍。

①外观。品质好的米粉外形大致均匀、平直、松散、无结疤、无并条、无酥脆以及无霉变；反之，为劣质品。

②色泽。品质好的米粉色泽光洁、有透明感、无斑点；反之，为劣质品。

③气味。品质好的米粉无霉味、无酸味或异味；反之，为变质米粉。

④烹调。品质好的米粉煮熟后有韧性，不黏条，不糊汤，无严重断条以及无杂质；反之，为劣质品。

⑤包装。具有包装的米粉要标明厂名、品名、重量、生产日期、检验代号及出厂合格证。具有这些标识，说明是正规生产的合格品，可放心购买，也可追溯、追查产品品质责任；反之，为不合格品，不要选购。

2. 面粉及其制品的识别与选购

(1)面粉的识别与选购

①按粉色选购。当前，国家标准的面粉有两种，一是特制粉（内分特制一等、特制二等），二是标准粉。如果你喜欢吃雪白的馒头，那就购买特制粉。但这种面粉经精细加工，几乎去除麸皮和杂质，所以呈乳白色，自然富含的营养也被去除，从营养角度上看不如标准粉。标准粉粉色略带微黄色，做出来的馒头也较黄白，但其营养损失较少，所以面粉也不是越白越好。另外，面粉因其本身含有色素，包括叶黄素、胡萝卜等，所以，新出厂的面粉呈微黄的色泽，为正常色。

②“闻”气味选购。正常的面粉具微麦香味，鼻闻清香。取少许面粉细嚼，味道淡而微甜为优质面粉。如果淡而无味或带有少许化学药品异味，很可能是“增白剂”添加过量，或面粉超过保质期，或遭外部环境污染，已变质。面粉吸湿力强，如果受湿后烘干，会闻到霉味。

③按用途选购。小麦可分为硬粒小麦和软粒小麦。硬粒小麦含面筋量较高，为“强筋”；软粒小麦含面筋量较低，称“弱筋”。小麦粉的筋道与蛋白质的含量相关。硬粒小麦的淀粉与蛋白质结合得较紧密，磨出来的面粉比较粗，但更容易吸收，制成的面条口感更爽滑；而软粒小麦的淀粉与蛋白质结合较松散，制成的面粉颗粒细腻，吸水性较弱，烘烤出来的饼干松脆适口。这就引申出商业性专用面粉的生产，大致有饺子粉（面条粉）、面包粉、饼干粉3种。如果你想买面粉做饺子，就可买专用的饺子粉。这种粉蛋白质含量适中，可兼顾筋道和柔顺，适合做饺子皮，也可做馒头和面条；如果你想做面包，就可买专用的面包粉。这种粉蛋白质含量高，比较筋道，弹性十足，做面包蓬松、具韧性，且口感好；如果你想做饼干，就可买专用的饼干粉。这种粉蛋白质含量低，比较疏松，适合做饼干、蛋糕之类的食品。

④用手“捻搓”选面粉。优质面粉手感略微发涩，手心带有凉爽感，手捻捏时呈细粉末状，置于手中握紧时成团，放开时不成团。手捏时面粉久而不散则为水分过高。掺杂了滑石粉、石灰粉的面粉手感发滑。

⑤按标识选购。生产厂家和经销商在包装物上应标明厂商名、品名（或专用品名）、重量、生产日期、产品等级、检验代号、产品合格证等，均要齐全，缺一者就为不合格，不可选购。如果是绿色食品的面粉，要看商标是否规范完整，即要有商标标识，要有“绿色食品”的字标，要有相应的编号，凭编号可查到生产企业、产品品种等信息，以辨别真假。

(2)面制品的识别与选购 面制品是指以面粉为主料制作而成的食品，诸如挂面、线面、面包、饼干、蛋糕等，品种繁多。这里选取几种介绍选购常识。

1)选购挂面 挂面(又称卷面、筒子面)是用面粉加盐、碱、水制成的面条，悬挂干燥后切成一定长度的干面条。挂面按品种分类，有普通挂面、花色挂面、手工挂面等；按辅料品种分类，有鸡蛋挂面、番茄挂面、菠菜挂面、胡萝卜挂面、海带挂面、赖氨酸挂面等；按包装方式分为纸装、塑料袋装、盒装等。选购时，请注意以下几点：

①感官识别。正常的挂面色泽均匀一致，洁白，稍带微黄，花色挂面略带辅料的颜色，并有辅料的特殊气味，无酸味、霉味和其他异味，无杂质、无虫害等。

②保质期识别。正规厂家生产的挂面一定要标注生产日期和保质期，购买时要首先查明。

③包装物识别。正规厂家生产的挂面在包装物上要标明厂名、厂址、产品名称、生产日期、保质期、配料等内容。

④试食识别。可先购买少量挂面，烹调后观察并试食。优质挂面煮熟后不糊、不浑汤，口感不黏、不牙碜，柔软爽口。

2)选购面包 可供选购的面包类型很多，按用途分为主食面包和点心面包两类；按质感分为软质面包、脆皮面包、松质面包和硬质面包四种；按原料分为白面包、全麦面包和杂粮面包三种。其中，全麦面包是用全麦粒(包括麸皮和胚)磨成面粉制作的面包。营养价值比白面包高，质地较粗糙，有麦香气，颜色微褐，肉眼还能看到很多麦麸。由于富含纤维，可帮助打扫肠道垃圾，预防肥胖症。从营养和保健上看，这是一类较好的面包，可供选购。脆皮面包含糖、盐、油脂都很少，烘烤后表皮脆硬，趁热吃，非常可口，法式主食面包和俄式“大列巴”面包均属于此类。硬质面包和软质面包都加入鸡蛋、糖、牛奶、油脂等，差别是加入的水分不同，加水少的为硬质面包，加水多的为软质面包。“吐司面包”、“奶油面包”和大部分点心面包都属于软质面包。这类面包香脆、口感好，但因饱和脂肪酸和热量高，有心血管疾病者尽量不吃或少吃。选购面包还要根据其独特性，注意以下几点：

①观察颜色。一般而言，面包均呈金黄色或深黄色，表面有光泽，这是新鲜面包；如果颜色暗淡，或表面有霉点，则是变质面包，不可购买。

②看保质期。面包，特别是全麦面包，富含B族维生素，微生物特别喜欢它，与牛奶一样，很容易变质。所以，购买时，首先要查生产日期和保质期，一般规定，春夏季为2～3天，秋冬季为4～5天。但是，厂家虽然标了出厂日期，从出厂到终端市场再到客户购买还要一段时间，往往出现临过期或保质期已过，因此，购买时一定要注意。

③观汽察形。观察面包包装物内部是否附有水汽。如果有水汽，那是制作过程中面团含水分太多。有水汽的面包容易滋生微生物致变质，最好也不要购买。面包一般为圆形或长方形，如果形状不规则，或有压扁痕迹，可视为次品，最好也不要购买。用手轻捏几下面包，如果较松软，有弹性，受捏之处能复形，则为好面包；不能复形者，可能是劣质面包。

3)选购饼干　饼干是以面粉、糖、油脂为主原料，加入疏松剂和其他辅料，按一定工艺程序加工而成。市场上的饼干主要有韧性饼干、压缩饼干、苏打饼干、曲奇饼干、夹心饼干、威化饼干、蛋圆饼干等。由于生产厂家为让消费者感到“色香味”俱全，常常还另加一些辅料和添加剂，如苯甲酸、山梨酸、碳酸氢铵、碳酸氢钠等。国家《食品添加剂使用卫生标准》中规定，苯甲酸、山梨酸在饼干产品中均不得检出。消费者购买饼干时要特别注意以下几点：

①要在正规商场和超市购买饼干。因为这些地方一般进货

渠道把关比较严格，产品的质量与安全比较有保证。

②尽量选购大企业生产和具品牌的饼干。因为这些生产厂家质量安全意识比较强，且有较健全的质量检测设备和管理制度，生产工艺先进，产品质量较有保证。

③查看产品标识。如“QS”标志，产品名称、净含量、执行标准、卫生许可证、配料表、添加剂种类、厂名、地址、生产日期、保质期等，这些标识要清晰地印在外包装物上，内容缺一不可。

④凭感官，品滋味。质量好的饼干外形完整，花纹清晰，无收缩，无变形，无杂质，手掰易断；反之，则为劣质饼干。另可品尝滋味，质量好的饼干有独特的香味，甜味纯正，酥松香脆，无异味，不黏牙。

3. 玉米及其制品的识别与选购

(1)玉米的识别与选购　这里所说的“玉米”仅限于干玉米棒和干玉米籽粒，选购这类产品是为了用其加工成其他制品，或直接蒸煮食用，选购要特别注意两点：

①观察是否有霉变。由于玉米的胚特别大，其体积约为全粒体积的1/3，其重量约为全粒重的10%～12%。这样大的胚所含营养物质丰富，呼吸强度大，是小麦的8～11倍，吸湿性强，带菌量也大。因而，玉米籽粒极易腐败变质。选购时，如果发现有黑点，必定是微生物入侵所致，这种产品不能选购。优质的玉米棒、籽粒表皮略有光泽，有的还比较晶亮，籽粒饱满，无病症，这种产品可选购。

②注意含水量。一般刚收获的玉米含水分达20%～35%，收获后经晒或晾干，吸湿性依然较强。含水分高就易引起腐败。所以，选购时切记查测籽粒所含水分，一般要在12%以下。水分超过太多的不可购买。

(2)玉米制品的识别与选购　玉米是我国大宗的粮食作物，除作为饲料外，可用其加工成玉米粉、玉米淀粉、玉米油、玉米方便食品、玉米休闲食品等各式各样的玉米制品。

①选购玉米油。玉米油又叫粟米油、玉米胚芽油。由于玉米胚芽脂肪量高达17%～45%，所以，用玉米加工后留下的胚芽集中起来压榨成油。这种油的最大特点是不饱和脂肪酸含量高达80%～85%，且本身不含胆固醇，又含维生素E。正规企业生产的玉米油一般质量较有保证，可保质1.5～2年。选购时，一般按规定标注：100%源自优选玉米胚芽，选用非转基因材料；采用现代工艺压榨而成，富含不饱和脂肪酸，其中亚油酸含量达50%以上，自然纯正无胆固醇，富含镁、钙、维生素E及植物甾醇；品名、厂名、地址、QS、商标、生产日期、保质期等食品出厂要求。

②选购玉米面。用玉米磨成的面粉称为玉米面，按颜色分为黄玉米面和白玉米面。其营养丰富，功效甚多。因此，采购时，要购到真正的优质品，谨防伪劣产品。选购时，应注意选购正规厂家生产的玉米面，并查产品说明书和标注，内容应完全符合国家规定。玉米面没有等级之分，只有粗细之别，要选优质面，主要看面粉是否呈淡黄色，无酸味，无霉味，手捏成团，放而易散的为优质；如果手捏成团，放而不散，说明含水分较高，易变质，或已有酸、霉味者，为劣质品。

③选购玉米加工的其他食品。此类食品名目繁多，有玉米方便食品，如玉米薄片方便粥、玉米方便面；玉米休闲食品，如玉米爆米花、玉米饼干、玉米面包、玉米蛋糕、玉米香酥豆、玉米饴糖、玉米饮料等；还有甜玉米类食品等。选购此类食品最主要的是选购正规厂家生产的，查明规定的标识与说明，使购买的质量及安全得以保证。此类食品各有特色，选购时，可根据自己的喜好自主选择。

4. 杂粮及其制品的识别与选购

这里重点介绍小米、荞麦、燕麦、薏米等的识别与选购。

(1)小米的科学选购

①观色。优质小米的米粒大小以及颜色均匀,呈乳白色、黄色或金黄色,有光泽,无虫害,无杂质,碎米也很少;反之,则为次质小米。

②闻味。优质小米闻起来有清香味,无异味;变质小米手捻易呈粉状,碎米多,闻起来微有霉味、酸臭味、腐败味等异味。

③口尝。优质小米品尝时味佳,微甜;劣质小米品尝时乏味、微苦涩。

④辨假。在市场上,经常发现一些染色的小米在出售。为什么要染色呢?是因为小米已变质,不法商人将已霉变的小米漂洗之后,再用黄色素(如姜黄素)进行染色,使之色泽艳黄,蒙骗消费者。吃了这种变质染色的小米有损身体健康。那么,如何辨别这种染色小米呢?一是感官鉴别,染色小米色泽深黄,缺乏光泽,看上去色泽粒粒一致;闻味有姜黄气味;水洗,水色显黄。二是化学鉴别,取样品25克置于乳钵中,加入25毫升的无水乙醇,研磨后,取其悬浊液25毫升,置于比色管中,然后加入10%的氢氧化钠2毫升,振荡均匀,静置片刻,观其颜色,如果呈橘红色,则说明小米用姜黄素染色。

(2)荞麦的科学选购　荞麦营养价值居所有粮食作物之首。荞麦营养效价指标为80～92,小麦为70,大米为50。

①选购主产区产的荞麦。主产区产的荞麦较纯正。荞麦是乌克兰、白俄罗斯和波兰主要粮食作物之一,法、加、美等国也是主要生产国。可以选购这些国家的进口荞麦。国内比较集中的产区有四川的凉山州。

②分清荞麦有甜荞麦与苦荞麦。由普通荞麦品种栽培的荞麦称为甜荞麦;用鞑靼荞麦栽培的称为苦荞麦(由于种子含有芦丁,所以也称芦丁苦荞麦)。一般苦荞麦更具营养保健价值。

③看粒形及色泽选购荞麦。荞麦籽粒呈不规整的三棱锥形。优质的荞麦种皮坚韧,深褐色或灰色,籽粒大小均匀,有光泽。购

买这种麦，在煮食的过程中，受热均匀，会在同一时间内煮熟，利于食用，口感也好。

④看质地选购荞麦。颗粒饱满的荞麦营养充足，很有嚼头，口感好。选购时，可取几颗用手捏捏，坚实、圆润者为佳。

⑤购买荞麦等制品。例如荞麦面，它有多种类型可供选择，如干面、生面，购买时，一定要详细阅读食品标示及保质期，以免过期变质。开封后如果吃不完，一定要放置冰箱冷藏室保藏，以免变质。

(3)燕麦的科学选购　燕麦营养丰富，且具有保健功能，在美国《时代》周刊评出的十大健康食品中列居第五位。

①区分皮燕麦和裸燕麦。燕麦有两大类型，即带稃型和裸粒型。国外栽培的燕麦以带稃型为主，常称皮燕麦。我国栽培的燕麦以裸粒型为主，常称裸燕麦。

②分清"麦片"和"燕麦片"。因为燕麦产品最初是以"燕麦片"的形式出现在市场上，所以大家熟悉的燕麦产品就是燕麦片。久而久之，就把"麦片"等同于"燕麦片"。这就给商家钻了空子，开发很多冠以"麦片"的产品，消费者尚未改变"等同"的概念，依然认为"麦片"就是"燕麦片"。所以今后在购买"麦片"产品时，要仔细查看产品标签，如果发现产品含很少的燕麦成分或不含，即为伪劣品。国家有关食品标签管理规定，食品配料表中的原料，应按照在产品中含量多少依次排名，如果配料表中燕麦不是首位，即可判断其燕麦含量在50%以下，该产品就不能称为燕麦产品。

③选购不同的纯燕麦产品。如果选购100%以燕麦为原料的燕麦产品，这种产品也有两种类型，一是免煮，二是需煮。建议选购需煮才能食用的产品。因为燕麦中的水溶性纤维是一种被称为β-葡聚糖的水溶性膳食纤维，在煮的过程中充分溶解呈黏稠状，食用效果更好。另外，市场上销售的燕麦片也有两种不同膳

食纤维含量的产品,一种含量在8%～10%,这是加工时不去除麦麸皮的产品;另一种含量只有3%～4%,这是加工时去皮的产品,膳食纤维很少。

(4)薏米的科学选购　薏米有其特殊的保健功能和药用功效,采购时,要注意选择纯正优质的薏米,才能发挥其独特的作用。

①看产地选购。我国薏米的主产地是贵州、福建、河北、辽宁等省。这些产区有许多传统的优良品种,历代相传,功用已被肯定。选用这些产区的薏米能够达到消费目的。

②看粒形粒色选购。典型的薏米种仁宽,卵形或椭圆形,长4～8毫米、宽3～6毫米,表面呈乳白色、光滑,偶有残存的黄褐色种皮;一端钝圆,另一端较宽而微凹,有一淡棕色点状种脐;背面圆凸,腹面有一条宽而深的纵沟。选购时,要选择这种正宗的产品。

③看质地选购。薏米种仁质地坚实,断面呈白色粉性,气味微甜。宜选购粒大充实、色白(或黄白)、种皮无破碎者为佳。凡籽粒瘦皱、色淡、破碎者,为劣质品,不可采购。

④看贮期选购。薏米收获后到营销要一至数月,期间易受潮发霉变质,购买时,先闻其味道,有异味、潮味的不要购买,所以,散装的一次不要多买。超市里有卖真空包装的小袋,标有保质期,买这种产品较有保证。

5. 薯芋类及其制品的识别与选购

此类品种繁多,这里只列举有代表性的数例加以说明。

(1)薯芋鲜品的识别与选购

1)马铃薯鲜品的选购　马铃薯虽然营养丰富,但鲜品含有毒素,这种毒素叫"龙葵素"。它能麻痹人体和动物运动、呼吸系统和中枢神经系统。质量好的马铃薯龙葵素含量较少,食用后不会中毒;发芽、皮层变绿(太阳晒所致)或溃烂的马铃薯龙葵素含量较多。当每100克块茎含龙葵素超过0.02克时，就会引起发热、抽搐中毒。龙葵素在马铃薯不同部位的分布很不均匀。已发芽的马铃薯嫩芽中龙葵素含量可高达0.5克/100克，是引起中毒指标(0.02克/100克)的25倍；外皮为0.03～0.64克/100克，也超出中毒指标；块茎(去皮、去芽后)为0.075～0.01克/100克，在中毒指标之内，食用较安全。人们在选购时要注意如下几点：

①不要选购已发芽、变绿的马铃薯鲜品。

②挑选个大形正、整齐均匀、皮面光滑而不过厚、芽眼较浅、便于削皮的产品。

③挑选无机械损伤、无根毛、无发芽、无变绿、无病虫害以及无腐烂、热伤、冻伤、变黑的产品。

2)芋头鲜品的选购　芋头是富含营养的家庭传统用菜，选购时要注意以下几点：

①芋头的外表。把芋头皮拨开，查看有否发霉腐烂、硬化、干萎及斑点。劣质芋头有上述现象，优质芋头则没这些痕迹。

②查芋头的新鲜度。芋头长在地下，收获时常带湿土。新鲜芋头具有"土"气、"湿"气和"硬"度；如果没土气、湿气或变软，即表明已老化，不新鲜。

③检查芋头的品质。简易的办法是检查芋头的根须部位。用刀一切，切口会出现乳白色黏液，很快结成白色小粉点，表明这种芋头粉质佳；也可检查芋头根须部位的沙眼，沙眼多，则粉质含量高，品质优，如果外皮光滑，没什么沙眼，则粉质含量低，品质差；还可以检查芋头的横切面，如果纹理带紫红色的纹络越多越密，即表示含粉质量越高，为优质品，反之，则肉质较差。

(2)薯芋类制品的识别与选购　除上述薯芋鲜品外，用薯芋还可制粉(淀粉和变性淀粉)，以及制作许许多多的食品，选购时请注意以下几点：

1)甘薯(红薯)淀粉的选购　甘薯淀粉的提取是采用沉降法、

流槽法、离心分离法，将甘薯破碎碾磨，去除蛋白质和纤维渣，由分离出来的淀粉乳精制而成。掺杂的淀粉是将薯干碾磨成细粉掺入其中。选购纯正的淀粉，辨别掺杂使假的淀粉，主要方法有两个。

①水试。取少量淀粉，放入一杯清水中，搅拌后静置片刻。如果淀粉很快沉淀，且上面的水清澈，即为纯正淀粉；如果上面的水混浊，即可判断是掺杂的淀粉。

②辨声。用拇指与食指捏取一点粉末，反复搓捻，如果发出吱吱声响，且光滑细腻，即为纯正淀粉；如果搓捻时手感粗糙且粉末黏手，即为掺杂使假淀粉，不可选购。

2)纯正粉条(粉丝)的选购　纯正的粉条(粉丝)是用纯正的淀粉制作而成，是否掺杂使假，可用下列方法鉴别：

①火燃法。用火点燃粉条，看火焰，闻气味，观残渣。如果有臭味和浓烟，可判断是加入面粉，因为面粉中的蛋白质燃烧会发臭和出现浓烟；如果残渣为硬团粒，是加入滑石粉所致；如果火焰发生啪啪声和浓烟，是加入胶所致；如果火焰发出嘶嘶声，则是含水分过高所致。

②光检法。优质粉条对光光检，有致密细微的小泡，粉条切口规整光洁，无残渣；劣质粉条表面不光洁，扭断粉条响声沉闷，断面发乌，这是加入玉米粉或面粉，组织结构相对致密，甚至板结，持水性能低下所致。

③品尝法。可先选购少量粉条煮后品尝。优质粉条口感柔软清脆；如果煮后断成小节，糊而不脆，则为劣质粉条，不可选购。

3)用薯芋加工的其他食品的选购　用薯芋加工的食品种类繁多。选购时，一看颜色，要具有本产品的纯正色泽；二观新鲜度；三是品尝品质；四查卫生安全性。

6. 豆类及其制品的识别与选购

(1)大豆及其制品选购

1)优质大豆籽粒的选购　人们常购买大豆干籽粒作为加工

豆腐、豆浆等豆制品的原料，或直接蒸煮食用。选购时请注意以下几点：

①色泽。具有该品种固有的色泽如黄豆为黄色，黑豆为黑色等，且色泽鲜艳，为优质大豆；倘若色泽暗淡，无光泽，则为劣质大豆。

②质地。颗粒饱满，整齐均匀，无破瓣，无缺损，无虫害，无霉变，无挂丝的大豆为优质大豆；反之，颗粒瘦瘪，大小不一，有破瓣，虫蛀或霉变的为劣质大豆。

③干湿度。用牙齿咬豆粒，声音清脆，且成碎粒片，说明豆粒干燥；若声音不清脆，则说明大豆已潮湿，含水量过大，易变质。

④香味。优质大豆具有正常的豆香气，劣质大豆香气尽失，口味差。

2)优质大豆制品的选购　用大豆制作的食(药)品主要有豆腐类、腐竹类、豆乳蛋白饮料类、豆乳粉及保健药用品等。此类制品多为非发酵性食品，极易变质，特别是夏季，宜“少量购买，及时食用”。从总体上看，采购豆制品要坚持“看、闻、摸”。

一看：首先要看产品外包装，仔细核对生产日期、保质期等内容，并留意储存环境是否满足包装上所标识的储存条件；再看产品外观，不同豆制品外观特点不同。例如，优质豆腐为白色或乳白色，断面细嫩，不出水，无气泡；豆腐干则表皮光洁呈淡黄色，方形整齐。

二闻：好的豆制品开包后能闻到一股豆香味，如五香豆腐干。

三摸：优质豆腐拿在手上触摸摇晃时，不会产生晃动感；好的豆腐干按压和触摸时，能感到密实、坚韧，有弹性。

现以腐竹为例介绍如何鉴别质量与选购。从色泽上辨别。优质腐竹呈淡黄色，有光泽。质次腐竹色泽较暗淡或呈泛洁白、清白色，无光泽。劣质腐竹呈灰黄色、深黄色或黄褐色，色彩暗而无光泽。从外观上辨别。优质腐竹为枝条或片叶状，质脆易折，条状折断有空心，无霉斑，无杂质，无虫蛀。质次腐竹呈枝条或片叶状，并有较多折断的枝条或碎块，有较多的实心条。劣质腐竹有霉斑、虫蛀、杂质。从气味上辨别。优质腐竹具有腐竹固有的香味，无其他任何异味。质次腐竹固有的香味平淡。劣质腐竹有霉味、酸臭味等不良气味和其他外来气味。从滋味上辨别。优质腐竹具有腐竹固有的鲜香滋味。质次腐竹固有的滋味平淡。劣质腐竹有苦味、涩味等不良滋味。

3）黄豆芽的选购

①吃黄豆芽比吃黄豆好。黄豆的蛋白质含量虽高，但它受胰蛋白酶抑制，蛋白质不能完全被人体吸收利用。黄豆在发芽过程中，胰蛋白大部分被降解破坏，使黄豆芽蛋白质的利用率比黄豆提高10%左右。黄豆含有棉子糖等物质，不能被人体吸收，吃后易引起腹胀。但黄豆在发芽过程中，棉子糖也急剧下降直至全部消失，避免了吃黄豆后腹胀现象的发生。黄豆在发芽过程中，由于酶的作用，钙、磷、铁、锌等许多矿物质被释放出来，增加了人体对矿物质的吸收利用率。黄豆发芽过程中，人体所需的重要氨基酸——天门冬氨酸急剧增加，胡萝卜素增加2倍多，核黄素增加3倍多，维生素也有所增加，也就大大提高人体对其的吸收量和利用率。黄豆发芽的过程中含有一种干扰素生剂，能诱生干扰素，增加体内抗生素，增强体内抗病毒等能力。

②挑选黄豆芽。黄豆芽是“活体蔬菜”。1千克黄豆大致可产出4～5千克的黄豆芽，生长时间为夏天4～5天，冬天7～10天。适时采收时，胚茎充分伸长，茎长5～6厘米，呈乳白色；根长0.5～1.5厘米，不长侧根；真叶将露或始露，豆瓣呈蛋黄色。选购这样的黄豆芽，才是合格的优质黄豆芽；反之，为次品或劣质品。

③识别激素或化学物处理的黄豆芽。市场上出售的无根豆芽多数是用激素和化肥（如尿素）催发。这种豆芽生长快，产量

高，是生产商追求的目标。但食用这种豆芽对身体有害，特别是用激素处理的。所以，国家食品卫生管理部门明文禁止销售和食用。识别的最简单方法是看“根”，若无根，大多是这种方法处理的豆芽，不要购买。若是用 EN-109 植物生长调节剂（国家允许使用）处理的，也无根，但处理浓度过低，也会长出根须。其次，是闻味，是否有化肥等异味。

(2)绿豆及其制品的识别与选购

1)优质绿豆籽粒的选购　绿豆具有清凉解毒的功效，特别在酷暑，喝碗绿豆汤，吃碗绿豆粥，倍感清爽。选购时，要注意两点：

①看颜色。新鲜的绿豆呈鲜绿色，老化的绿豆会发黄。

②看粒质。优质的绿豆籽粒饱满，无虫害，无霉变；劣质的绿豆籽粒部分干瘪有皱纹，有的已霉变，有刺激性气味，有虫害。据此，即可择优选购。

2)优质绿豆制品的选购　以绿豆为主料，加其他辅料配制的绿豆饼、绿豆沙等，也深受消费者青睐。由于此类制品易发酵变质，选购时要检查厂家生产日期、保质期及其他规定的标识，防止购买劣质、变质的产品。

3)绿豆芽的选购

①食用绿豆芽比食用绿豆更有营养保健功效。绿豆与黄豆一样，在发芽过程中，发生一系列生理反应，释放出有益健康的元素，提高营养保健功效。日本科学家发现，在绿豆发芽过程中，部分蛋白质可分解为氨基酸，提高其含量，还含有较高的纤维素，若与韭菜同炒或凉拌，用于老幼者便秘，既安全又有良效。绿豆芽还含有维生素 A、维生素 B_2 和维生素 C。

②绿豆芽的制作与黄豆芽的制作一样，都有一定的规范和要求。不允许使用激素和化学物。按规范制作出来的绿豆芽，真叶将露或始露，豆瓣蛋黄色；胚茎 5～6 厘米，呈乳白色；根长 0.5～1.5 厘米，无

侧根。一般1千克绿豆可产7～8千克绿豆芽，产量比黄豆芽高，所以，价格比黄豆芽便宜。

(3)红小豆及其制品的识别与选购　红小豆营养丰富，籽粒饱满，色泽淡红，有光泽、无虫蛀的为优质；色泽暗淡无光、干瘪、有虫蛀的为劣质，不可购买。

(4)豇豆等其他豆类及其制品的选购　豇豆又叫长豇豆、带豆，选购时注意以下几点：

一摸：用手触摸豆荚外表，较结实，富有弹性，为鲜嫩；有空洞感，即豇豆已老化。

二看：看豇豆中结豆的地方，鼓起的豆越大，说明豇豆越老化；鼓起的豆越小，说明越嫩；没有鼓起的豆说明发育未完成。

三察：即观察豇豆外观颜色。深绿色，有光泽，即为新鲜脆嫩；色泽转暗绿，无光泽的为老化；白色的豇豆看上去比较老，适合做馅料，好入味，口感好；而比较短促、带弯曲的豇豆比较嫩，适合炒菜，口感清脆。

四听：掰断豆荚时，声音清脆的为嫩豇豆；如果不易掰断，而且声音比较“闷”，即为比较老的豇豆。

五查：查豇豆荚有无裂口，有无虫口，有无皱皮等。如果有，质量就差；如果无，质量较好。

第三章 粮豆食材保鲜与贮藏

一、粮豆食材变质原因

1. 粮豆原材料变质原因

(1)微生物入侵 粮豆产品在其收获、运输、粗加工、贮藏等过程中,存在于土壤、空气中的微生物以各种途径侵染粮豆产品,一旦湿度过大,温度转高,氧气充足,呼吸作用增强时,霉菌(以曲霉属、青霉属、镰孢霉属等为主)即可入侵粮豆产品;反之,贮藏条件得当,温湿度低,呼吸作用就减弱,霉菌就不易入侵。霉菌入侵后,产生霉菌毒素会出现霉斑,直至结块,使粮豆产品结构疏松、颜色转为暗淡、有恶臭味,这就是霉变,是变质的主要原因之一。

(2)害虫入侵 仓储时也有 50 多种害虫可危害粮豆产品。其中,甲虫危害大米、小麦及豆类;螨虫危害稻谷等。这些害虫侵染粮豆产品,不仅产生不良气味、减少重量、降低品质,而且可使产品发热,导致微生物的进一步滋生,促进霉烂变质。

2. 粮食制品变质原因

用粮食等制作的食品如蛋糕、面包、饼干等,保存不当也易产生霉变、变质等现象。

①蛋糕。制作蛋糕的主要原料是面粉、糖、油脂和蛋类。这些原料营养丰富,含水量高,极易被微生物侵染。侵染的霉菌主要有青霉菌、青曲菌、根霉菌、精曲菌及白霉菌等。虽然蛋糕烘烤时的中心温度近 100℃,尚不能全部杀死病菌,这是因为霉菌的孢子可耐 140℃的高温。如果蛋糕含有这些孢子,当蛋糕烘烤后逐渐冷却至 45℃,孢子就要开始繁殖,降至 35℃左右时,正是孢子

繁殖的最适温度,可大量繁殖。一遇高温季节,特别是夏天,蛋糕就极易腐败变质,即微生物迅速分解淀粉和蛋白质,形成黏液,出现变色和恶臭味;如果生产环境的卫生条件差,如蛋糕出炉时的操作台、车架和工具不清洁,工作人员的手脚、服装没有消毒,也会导致蛋糕二次污染,加速蛋糕的霉菌繁殖及腐败变质。贮藏、包装条件不良,例如贮藏于高温高湿的地方,包装不合格,隔氧效果不佳,存货时间过长,都会引起蛋糕腐败变质。人们食用这种变质蛋糕,会出现发热、呕吐、腹泻等急性胃肠炎症状,严重者危及生命。

②面包。面包以面粉加辅料和水,经发酵、整形、成形、烘烤等工序加工而成,属发酵性食品,内含淀粉、糖、蛋白质等营养物质,对微生物来说,也是良好的培养基。若环境潮湿,温度较高(孢子繁殖最适温度为20℃～35℃)时,青霉、黄曲霉、根霉等微生物孢子就迅速繁殖,面包表面长霉,内部发黏,疏松的孔体发软,变为灰暗的黏稠胶体物,产生类似香瓜腐败时的臭味;用手挤压可成团,横切面可见白色的菌丝体。这种完全腐败变质的面包,对人体的危害雷同已变质的蛋糕。

③饼干。饼干变质类型首先是霉变。制作后的饼干含水量低,一般为3%～4%。但饼干疏松,吸湿性强,当空气湿度超过70%时,即开始吸湿,一旦含水量超过6%,即受潮发软,导致霉菌的滋生,发霉变质。其次,饼干含有一定的脂肪,如果饼干较长时间暴露在空气中,受高温和阳光的影响,脂肪易于氧化,变质后产生异味。而且饼干含有浓厚的香味,容易引起螟蛾等害虫入侵,出现虫蛀现象。

3. 豆制品变质原因

豆制品蛋白质含量均较高。其腐败以蛋白质分解为主要特征。蛋白质分解的同时,在霉菌以及芽孢杆菌属、羧菌属、链球菌属、假单胞菌属的作用下,首先分解为肽,进一步分解成氨基酸,而后在相应酶的作用下，将氨基酸及其他含氧化合物分解为胺类、酮酸、不饱和脂肪酸等，使豆制品硬度下降、弹性减弱、表面发黏，颜色变红或变黄，出现各种霉斑，产生挥发性的盐基氨，散发出难闻的酸臭味。盐基氨含量越高，腐败变质的程度也越高。

二、大米及其制品的贮藏

1. 大米的贮藏法

(1)大米贮存中的问题

①稳定性差。脱壳的大米没有皮壳保护，营养物质直接暴露于外，吸湿性强，营养物质的新陈代谢加快，害虫、霉菌也易于直接入侵危害；大米中含有较多的米糠和碎米，堵塞了米堆的孔隙，内部积热不易散发，况且米糠中含有较多的脂肪，易于氧化分解，使大米发酸、受潮、发热、长霉、生虫，致大米稳定性变差，不利于贮存。

②久存陈化。大米久存，色泽逐渐变暗，香味消失，酸糠味出现，酸度增加，黏度下降，吸水量减少，持水力下降，食用品质降低。国家标准要求籼米(含籼糯米)含水量小于等于14.5%，粳米(含粳糯米)小于或等于15.5%。含水分越多，温度越高，贮存时间越长，陈化程度越重。

③容易爆腰。过湿的大米如果在阳光下直接暴晒或高温烘干，容易造成爆腰，降低品质。

(2)大米的科学贮藏法 上面分析的大米变质的原因和贮藏时可能出现的问题，为我们寻找科学贮藏对策和方法提供了依据。

①常规贮藏法。即采用干燥、自然低温、密闭的方法。将加工出机的大米冷却到仓温后，堆垛保管，这种方法比较适合农家自行加工或委托加工的大米；对于城市居民，在市场上购买的大

米，如果发现含水分过高，则应通风摊晾（不要暴晒），让其自然降低水分后再密闭贮藏。有些商家直接到田头收购刚收获的稻谷，直接送去加工，而后直接销售。虽然经加工的大米外表亮晶晶，但含水分可能达20%左右，购买这种含水分高的新米，更要通风摊晾以降低水分，否则容易变质。

②低温贮藏方法。采用低温贮藏法是大米保鲜的有效途径。农家的稻谷最好在低温低水分的冬季加工，等米温冷却后，采取防湿隔热措施入库贮藏，可使大米长时间处于低温状态，延缓粮温回升时间，安全度夏。城市居民在冬季寒冷天常温保存即可；在夏季炎热天，最好放在空调房间里贮藏。

③气调贮藏法。这主要是对大米生产和经营的单位而言。气调大米方法有三：一是将散装的大米用塑料薄膜密封，利用膜内大米和微生物的呼吸作用，自然降低氧气，延长保质期；二是塑料袋装大米，将其充入二氧化碳或氮气贮藏，具有良好的杀虫抑菌作用；三是对小包装的大米抽真空，实行"冬眠贮藏"保鲜，可安全贮藏1年左右。

④化学贮藏法。厂家生产的大米，可在密闭的大米堆垛内，按每立方米添加2～3克磷化铝的方式，挂在密封好的大米包旁边或埋入大米层中，让磷化氢缓慢释放，杀虫抑菌，预防大米发热霉变。

⑤家庭大米防虫贮藏法：一是石灰防虫法。在装米容器的底部铺些石灰，盖上塑料布，然后再装入大米，把容器盖严，可防虫。二是白酒防虫法。白酒挥发的乙醇有灭虫抑菌的作用。在装米的容器里放一瓶开盖的白酒，瓶口高于米面，然后把容器盖严，可防止生虫。三是花椒防虫法。在装米容器里的上、中、下层放入用纱布包好的花椒粒，再把容器盖严；如果用袋子装米，可将袋子放到煮好的花椒水中浸透并晾干，然后装米，均可防止生虫。四是大蒜防虫法。在装米的容器里分散放几瓣大蒜，然后把容器盖

严,即可防虫。五是海带防虫法。干海带有很强的吸湿能力,具有杀虫抑菌的作用。在装米的容器内,按大米海带 100∶1 的比例,分散放入干海带,每隔 10 天左右取出并晒干,然后再放入容器,反复使用,可防止生虫和霉变。

2. 米制品的贮藏法

(1)米制品的分类 米制品是以大米为原料经过深加工得到的产品,包括米面包、米糕点、米粿、米线、米糕、汤圆、粽子、方便米饭、米醋、米酒、米饮料等。按其制品特性来分,有含水分高的软制品和含水分低的硬(干)制品等。

(2)大米软制品的保存法 软制品如米糕、米面包、鲜湿米线等,在低温下易老化,在高温高湿环境下易霉变、褐变,贮存性能低下,一般应随购随食。如果没有及时食用,或食用不完,可将其放入保鲜盒内,再放入冰箱中可贮存 3～4 天内尽快食用完毕。

(3)大米硬(干)制品的保存法 硬(干)制品如米粉、方便米饭、米粿,以及特制的米酒、米醋、米饮料、冷冻汤圆等,由于加工制作时经过高温、脱水、冷冻、灭菌、添加防腐剂、绝氧包装等特殊处理,因而具有一定的保质贮存期。消费者采购这类商品,只要按产品包装物上的说明来存贮食品,并在保质期内食用即可。

三、面粉及其制品的贮藏

1. 面粉贮藏法

(1)面粉的类型 国家标准规定,面粉分为特制粉和标准粉两类,其余的均为等外品。

(2)面粉的保存法

①通风良好。面粉要利用空气进行呼吸作用,所以,必须将面粉置于离墙离地空气流通的地方。

②湿度适宜。面粉可按环境温度及湿度来改变自身的含水

量。湿度愈大，其含水量增加，容易结块；湿度愈小，面粉含水量也减少。因此，面粉保存的环境湿度以60%～70%为宜。

③温度合适。贮藏温度会影响面粉的熟成时间，温度愈高，熟成愈快。熟成加快，则可缩短面粉的保质期。因此，贮藏面粉的适宜温度应控制在18℃～24℃。

④环境洁净。贮藏面粉的环境要求"洁净"。因为只有洁净的环境才能减少害虫的滋生、病菌的繁殖。面粉是会在空气中吸收和存储气味的材料，如在汽油污染的环境，则面粉含有汽油味。因此，洁净的环境首先要无异味，以保证贮藏的面粉有纯正的麦香味。

2. 面制品贮藏法

面制品类型甚多，有蒸煮类面食品（如挂面、方便面、馒头等）、焙烤类面食品（如面包、饼干、糕点等），下面列举面包、饼干、蛋糕等3种有代表性的制品，介绍如何科学保存：

(1)面包的保存法

1)室温适宜保存防老化　面包制作经过淀粉吸水膨胀、焙烤时，淀粉糊化，结构改变，从而使面包变得松软、有弹性。贮藏时，淀粉内的气体不断逸出，体积缩小，使面包变干、变硬，即通常所说的"老化"。研究表明，面包在较低温度下保存，硬化速度快；在较高温度下保存，硬化速度慢，但超过35℃时，即影响面包的颜色和香味。面包最佳的保存温度为18℃～25℃。如果买回的面包，家中的温度在18℃～25℃，则可常温保存。为保险起见，上述常温保存，还要看面包里是否添加符合国标规定的防腐剂。如果有，常温保存的面包不易变质；还要看包装物的防水性，防水性好，面包就不易吸湿变质。如果温度、添加剂、包装物均符合要求，即可常温保存。

2)面包绝对不能冷藏，而要冷冻保存　上面说过，面包随温度的降低，硬化速度加快。买回的面包如果放在冰箱的冷藏层，此层的温度为2℃～6℃，正处于淀粉老化的温度，面色变得干硬、粗糙、口感变差。而且，淀粉的老化是不可逆的，即使重新加热，虽能变软一些，但不能恢复到原来的松软度。但是，当温度降低到0℃以下时，淀粉的老化作用就大大放缓。所以，把面包（不含馅）放进保鲜袋以后，放进冰箱冷冻室急速冷冻到－18℃，可延长保质期至两周左右。要食用时，取出放在微波炉加热1分钟（时间不宜太长，太长即硬化），使面包恢复松软，即可取出食用。

3）看保质期保存　正规厂家生产的各类面包，都标有生产日期及保质期。一定要特别注意保质期。各类面包保质期不一，具体列举如下：

①调理面包。如肉松火腿面包、热狗面包、汉堡包等，保质期为1天。这种面包变质很快，不是淀粉的老化，而是包内馅料（肉类、蔬菜类）的腐败。其在温室下保质期不超过4小时；如果放入冰箱冷藏，保质期也只有1天。

②一般甜面包。如奶香起司、罗松甜面包、花式牛奶面包等，保质期为2～3天。

③含馅面包。如豆沙卷面包，肉馅面包等，保质期为1～3天。其中，含软质馅料的，如豆沙馅、椰蓉馅、莲蓉馅等，保质期为2～3天；含肉馅的，保质期只有1天。

④丹麦面包。如牛角面包、丹麦葡萄卷等，这类面包保质期较长，可达3～5天。

⑤硬壳面包。如法棍等。硬壳面包内部的水分会蒸发，不断向外部渗透，使外部的“硬壳”吸水变软。这种“软”咬起来像咬皮革，很难咽下，即使重新烘烤，也难以恢复刚出炉的口感。所以，保质期只为8小时。

⑥贝果面包。这种面包用面粉和糖浆等制作而成，制作简单，口感独特，保质期较长，一般可达5～6天，因而受到消费者的欢迎。但如果制作时糖浆的浓度不够，保质期会相应缩短。

⑦重油面包。如葡萄干杏仁面包等。这种面包因制作时重油、高糖，所以保质期较长，一般可达7～15天。

(2)饼干的保存法　饼干含水分很低，不易变质，保质期也较长。但如果保存不好，也容易变质。因此，保存时要注意以下几点：

①避光保存。饼干制作时加入较多的脂肪。脂肪经阳光照射很容易氧化，产生异味。所以，要选择在没有阳光照射的地方保存饼干。

②避湿保存。饼干疏松，吸湿性强，一旦含水分高，就容易繁殖细菌。所以，保存饼干要放在空气湿度在60%～70%的环境中。

③隔氧保存。氧气是微生物和害虫滋生的必备条件。采用真空包装或在包装物内充入惰性气体，可有效抑制病菌害虫的繁衍。有条件的家庭可自行制作保存，没条件的家庭注意选购隔氧处理的饼干产品。

(3)蛋糕的保存法　蛋糕因营养特别丰富、含水分又高，容易引发各类霉菌滋生，是面制品保质期最短的一类。其最简单的保存办法是放入冰箱冷藏，一般可保质48小时，但如果要保留鲜奶油蛋糕最佳口味，只能保质24小时。夏季是蛋糕最易变质的季节，具体保存方法介绍如下：

①阴凉处贮藏。可放在橱柜里或阴凉处或蒸笼里密封或食品篓里，蒙上一块湿润的盖布，用油纸包裹起来贮藏，可延缓蛋糕变硬变质的速度。

②先冻藏后冷藏。吃不完的蛋糕切块密封后，放到冰箱的冷冻层汽冻，要吃时，提前一天放到冰箱的冷藏层，使之慢慢化开，即可取食。这种办法贮藏的蛋糕味道跟新鲜的差不多。

③蛋糕面包并存。在存放蛋糕的密封容器里，放1片新鲜面包，当面包片发硬时，及时再更换1片新鲜面包，可使蛋糕保鲜一

段时间。

四、家用玉米及其制品的贮藏

1. 家用玉米保藏法

(1)普通玉米带轴的贮存法　在北方或一些较干燥寒冷的地区，普通玉米收获后，剥去玉米棒外包，只留一层皮，晒干，将其上架挂在屋檐下保存；亦可堆垛（垛下要填高），外披防雨材料，室外保存。

(2)甜玉米的冷藏法　在乳熟期收获的甜玉米新鲜果穗可用作鲜食。适期收获的甜玉米蔗糖和水溶性多糖的含量分别达10%和22%，是同期收获的普通玉米的3倍和10倍。由于水溶糖在酶的作用下会迅速转化，所以，适宜的收获期仅1～2天。及时收获后，还要及时保鲜贮存，否则，糖会迅速转化，甜玉米变得不甜了。最好的办法是杀青（约4分钟）冷藏，如果冷冻贮藏，则可储存8～9个月；如果采用收获后6小时内立即冷藏，在0℃～1.5℃、相对湿度为95%～98%的条件下，可储存15～20天。贮藏温度不宜太低，如果低于−0.6℃，可发生冻害。

(3)干籽粒的贮存法　为不多占地方和体积，普通玉米一般采用晒干的籽粒进行贮存。玉米干籽粒的贮存与上面介绍的大米贮存法相似，特别是家庭贮存的多种土办法，更简单易行。可用的办法还有很多，例如“山苍子贮存法”，即取山苍子碾成细末（或用山苍子油），用小碟装好，放入容器内的玉米上面，然后将容器密封数天，再开盖放气。取出山苍子后再密闭贮存。用量为每20千克玉米用10多粒山苍子即可。这种办法可防虫，还可去除玉米中的黄曲霉毒素。

2. 玉米制品的保存法

玉米制品如玉米面包、玉米饼干、玉米蛋糕、玉米方便面等，保存方法与面制品相似，请参照本章“三、面制品贮藏法”，这里不再赘述。

五、薯芋的保鲜贮藏

薯芋类的主要品种有甘薯、马铃薯、木薯、淮山药、芋头、魔芋等。

1. 甘薯、马铃薯保鲜保藏法

甘薯、马铃薯、木薯等的保鲜贮存方法大同小异，马铃薯具代表性，现以其为例，介绍贮存方法。

(1)马铃薯药剂抗褐变防腐保鲜法

①抗褐变护色。一是采用次氯酸钠，有效浓度为 17.5 毫升/升，溶液 pH 值为 4，浸泡 5 分钟以上；二是采用次氯酸钙，浓度同上，但溶液 pH 值不受限制；三是采用抗坏血酸护色，有效浓度为 0.3%。新开发的 2-磷酸-抗坏血酸是非硫护色剂，护色效果良好。

②灭菌防腐。一是采用硫酸铜、多菌灵等与护色剂混合，进行抑菌保鲜。洗薯时，用 50%仲丁胺商品制剂掺水稀释，可洗马铃薯块茎 20 吨；若采用 50%仲丁胺熏蒸，每千克薯块用 6～14 克，熏蒸 12 分钟以上，防腐效果良好；二是成膜保鲜。采用甲壳素、壳聚糖、魔芋葡萄甘露聚糖等成膜剂，加入一定的抑菌剂、抗氧化剂，然后浸泡成膜或刷膜或喷涂，使之被膜保鲜，达到既能灭菌防腐，又能保鲜的效果，尤以采用壳聚糖抑菌成膜保鲜的效果更好，已广泛应用。

(2)马铃薯避光抑芽法　马铃薯块茎经日晒后，种皮转绿，经高温高湿即发芽。这两者都能使之产生“龙葵素”毒素。因此，防晒，防发芽是至关重要的环节。马铃薯块茎收获后只要存放在阴凉、避光、通风的地方，就不会变绿。至于抑芽，办法有多种：一是收获前喷“青鲜素”。这是国外生产的一种马铃薯抑芽剂,已在产区推广,使用浓度为 2.5 克/升,在收获前 4～6 周喷施马铃薯植株。二是采用异丙基 n(3-氯苯)氨基甲酸酯(简称 CLPC)对块茎进行熏蒸或粉施或喷雾或洗薯,以熏蒸的抑芽效果为最好,抑芽保鲜时间可达 9 个月。

(3)马铃薯苹果并贮法 这是一种简易的贮存法,农家或城市居民在贮量不多的情况下可以试用。挑选没有受伤变质的茎块装入纸箱,再在茎块上面放几个苹果,封好盖后放在阴凉处。由于苹果自身能散发出乙烯气体,使马铃薯保持新鲜不烂。马铃薯的保鲜贮藏还有其他的方法。但不管采用哪种方法,都要做到“三忌”,即忌暴晒、忌潮湿、忌混堆(与蔬菜等易烂物堆放在一起)。

2. 芋头保鲜贮藏法

(1)芋头保存的特殊性 芋头是较难贮藏保鲜的产品。这是因为芋头贮藏对温度的要求很严格,最佳贮温只在 10℃～15℃范围内。0℃以下或 25℃以上芋头即受伤害;低于 0℃,芋头受冻而腐烂;低于 7℃芋头受冷害,表皮易受微生物侵染而腐烂;高于 25℃,易脱水,也易引起腐烂。这是芋头贮藏对温度特别敏感的一方面。另一方面,其对湿度的要求也很严格,过干也易烂,所以贮藏芋头有“宜湿不宜干”之说。贮藏芋头要求空气相对湿度达 85%～90%。据此,家庭购买的芋头最好两三天内食用完。

(2)芋头的保存法

①装箱保存。将芋头用打孔的纸箱或用打孔的聚乙烯薄膜袋分装,每箱(袋)20～30 千克,置于温度为 10℃～15℃、相对湿度为 85%～90%、通风良好的环境中贮存。生产企业和经销商批量大的,可在符合上述条件的贮库中贮存。这种贮存法,使其保鲜保质长达 5～6 个月。需要特别注意的是,贮存初期芋头的呼吸作用旺盛,要加强通风散热。

②湿沙保存。将鲜芋装入盆或桶里，一层沙一层芋（芋的苗头要向上），装完时，再在桶（盆）口铺一层厚沙，并压实。请注意，沙要用湿沙，含水量为10%～20%。这是因为芋头喜湿藏。若用干沙，则保存效果不好。用这种方法，可使芋头保存3～4个月。

③油炸保存。将芋头削皮切块，入锅油炸（煎）至熟透，然后分袋包装放入冰箱冷藏。炒菜时取出，或做芋头扣肉，或做拔丝芋头，或下火锅等。

3. 淮山药的保鲜贮藏法

(1)淮山药的独特性　淮山药富含黏液质糖蛋白、皂苷、甘露聚糖，以及18种氨基酸和10多种微量元素，具有补中益气、消渴生津、保健养颜等特殊药理功能，食药兼用，颇受青睐。

(2)淮山药的保存法

①装箱保存。用木箱（也可用瓦楞纸箱）整齐地装好淮山药，箱角衬上刨花或木屑、木丝，上面盖上牛皮纸，然后钉箱密封，置于通风、凉爽、干燥、避光的地方。

②入库保存。数量大的淮山药库要做到干净、干燥、通风和避光。淮山药易变软、发黏、发霉、生虫，因此，贮藏库房要彻底打扫干净，进行消毒，堵洞防鼠，然后将淮山药入库，关闭好门窗贮存。贮存的最适宜温度为0℃～15℃，相对湿度70%左右。

③冰箱保存。淮山药可采用冰箱冷藏层贮存，做法如同上述芋头的贮存。

④埋沙保存。做法如同上述对芋头的湿沙保存。

六、杂粮的贮藏

杂粮类的保藏法与稻、麦、玉米等贮藏法大同小异。

(1)小米的贮藏

①置放阴凉处。贮藏前，小米如含水分过大，只能阴干，不能

暴晒；阴干后放置在阴凉、干燥、通风的地方。

②排湿防霉。贮前应去除糠杂。贮藏后，若发现吸湿脱糠、发热时，要及时通风过筛，除糠降温，以防发生霉变。

③防虫技巧。小米易遭蛾类幼虫等危害，发现后，及时将生虫米粒挑出，单独处理。贮藏时，在容器内放一袋新花椒，可防虫，简便易行。

(2)荞麦、燕麦的贮藏 荞麦、燕麦籽粒(片)应在常温、干燥、通风的环境中保存，特别要防湿，以免发霉变质。如果是荞麦面等制品，应与干燥剂一起同放于密闭的容器内低温保存，或放置于冰箱冷藏室保存。

(3)薏米的贮藏

①防湿防虫防霉。薏米在高温高湿的夏季极易生虫和发霉。因此，在贮藏前要把易吸湿发霉的粉粒、碎屑等筛掉，将较干净的成品贮藏于通风、干燥的地方，可防止生虫发霉。

②密封储于坛缸中。将薏米晒干后贮于缸或坛中，并密封，也可防虫防霉。

③清洗晒干贮存。如果发现薏米已轻度发霉，可立即用清水清洗干净，晒干，后密闭贮藏，可放包花椒，兼防虫。

七、豆类及其制品的贮藏

1. 豆类贮藏法

(1)大豆籽粒的保存法 家庭购买大豆，常用来自制豆浆，或自制豆腐、豆干，或与其他五谷杂粮一起蒸煮食用，用途甚多。但大豆由于含蛋白质较高等原因，很容易生虫。这里介绍一个简易的办法，即将大豆晒干，放入密封罐里，加入若干辣椒干(最好切成丝状)，混均，密封瓶盖，放在通风干燥的地方，可保存较长时间。

(2)绿豆、红小豆、蚕豆、豌豆等的保存法　这类豆比大豆更易生虫,保存起来要多下点工夫。比较简易有效的办法有以下几点:

①沸水杀虫法。贮前,将豆子放入网篮中,连篮一起放入沸水中搅拌半分钟,杀死豆子表面的虫子、虫卵,然后立即倒入冷水中,捞起后,放在阳光下暴晒至干透,装入罐里,表面放入几瓣大蒜或花椒袋(花椒切碎入袋),然后密封即可。经这样处理的豆子发芽能力(切记豆子在沸水中的时间为半分钟,不可过长)和食用品质均不受影响,还可保存较长时间。

②冷冻处理法。将豆子放入包装袋,密封,存入冰箱冷冻层,经过 2 天时间,可以杀死虫子、虫卵,取出后,按常规法保存即可。家中如有冰箱,这个方法做起来比上面的方法更简单。

③瓶装保存法。即将豆子洗干净,风干,装入玻璃瓶或塑料瓶里密封。然后放入橱柜等地方,即可保存很长时间,且不生虫。关键点是洗净、风干(不能湿)和密封。

(3)豆类蔬菜保鲜的保存法　做蔬菜用的豆类,包括菜豆、豇豆(豆角),甜豌豆、荷兰豆、豆芽等,营养丰富,食用价值和经济价值高,但从采摘,贮运到终端市场需要一段时间,由于这类鲜豆荚呼吸强度很高,荚内籽粒迅速生长,纤维化程度也很快,易致老化,会降低品质和食用价值,所以,保鲜较难。但也有一些办法可以保鲜一定时间。家用豆类蔬菜保鲜法是将菜洗净、晾干,用食品塑料袋包扎密封好,置于冰箱低温冷藏(不能放冷冻层),可保存 1～3 周时间。保存要点一是洗净,去除病菌害虫;二是晾干(不是晒干),不带水汽;三是袋口要扎紧封好,避免水汽进入造成腐烂。

2. 豆类制品的保存法

大豆制品有豆腐类(豆腐、豆干、豆浆、豆腐脑等)、腐竹类、豆乳蛋白饮料类、豆乳粉类以及保健药用类等。现介绍几种比较常见的保存方法。

(1)豆腐的保存法

①盐水保存法。将食盐化水煮沸，待冷却后，将豆腐全部浸入，可保存数日；夏天豆腐极易发酸变味，也可用盐水保鲜，按500克豆腐用50克食用盐的比例，将盐放入沸水使其溶化，待水凉后，放入豆腐，可保存7天左右不变味，但加工做菜时不要再放盐或少放盐。

②碱水保存法。用50%的食用热碱水将豆腐浸泡15～30分钟，取出用清水漂洗干净，可存放1周不变酸；如果豆腐已开始变酸，说明豆腐上的微生物已入侵，排泄出酸性物质，利用酸碱中和的原理，用50%食用热碱水浸泡20～30分钟，取出漂洗干净，酸味即可消除。

③沸水保存法。将豆腐放入搪瓷容器内，用沸水浸泡1分钟左右，即可杀灭附在豆腐表面及容器壁上的微生物，之后，倒掉浸泡的水，重新加入沸水，充满容器后密封(不得漏气)，并急速用冷水冷却容器，使容器内呈真空状态，即可保存数日不发酸变质。

④泡菜保存法。农家或城市居民如有自制泡菜或购买罐装泡菜，可将豆腐浸泡在泡菜里，四五个月不变质，且味道可口。如发现泡菜发霉，应立即取出豆腐。

⑤冰箱保存法。将豆腐用沸水冲洗后，再用食品袋包扎紧密，放入冰箱冷藏层，可保质3～5天；放入冷冻层，则可保存更长时间。这种冻豆腐，蒸煮时，比如炖排骨，豆腐能形成蜂窝状，可吸附排骨肉汤味，鲜美可口。

(2)豆浆的保存法 豆浆极易变质，随做随食最好。如果吃不完，最好的办法是冰箱保存。把豆浆烧沸，迅速倒入能密闭的容器里(容器也要先用沸水烫过)，留有1/5的空隙，再盖上盖子，停留10多秒钟，再把盖子拧紧。待冷却到室温时，再放入冰箱冷藏层保存，操作得当，可保存7天左右。

(3)腐竹的保存法　腐竹每100克中含脂肪14克,蛋白质25.2克,糖类及纤维素和矿物质48.5克,三者比为1∶1.81∶3.46,与《中国居民膳食指南》推荐的能量摄入比值较为接近。因此,腐竹是一种均衡供能又营养的食品。也正因为腐竹营养三大要素较均衡,也给害虫、微生物繁衍提供了良好的物质基础。因此,科学保存腐竹至关重要。腐竹吸湿性强,当含水分达20%左右时,容易变质。所以,保存腐竹最简便的方法是经常晾晒(不要暴晒),使含水分降至12%～14%,然后装入保鲜袋中,扎紧袋口,置于33℃以下的阴凉、通风、干燥处保存。有条件的家庭,可置于冰箱冷藏层保存。

(4)豆腐干的保存法

①浸水法。将购买回来的豆腐干浸入干净的水中,夏天每半天或一天换水一次,冬天每2～3天换水1次。食用时,捞出用水冲洗,可保存1周(夏天)至2周(冬天)。

②油炸法。如果想把豆腐干保存更长时间,就将豆腐干油炸,要炸透,使之没有多余水分,然后用食品袋包扎好,放入冰箱冷藏层,可保存半个月以上。

(5)豆乳蛋白饮料的保存法　豆乳蛋白饮料是用大豆等豆类与牛奶加工而成,有即调配型和发酵型两种类型,两者的保存方法也不同。调配型含乳饮料加入酸味剂调味,产品只要在避光、阴凉、干燥处保存即可。而发酵型产品加入活性菌种发酵,保质期较短,而且要放在冰箱2℃～4℃的冷藏层保存,才不易变质。所以,要根据自己的需要,选购相应的类型,而后才能按类型进行相应的保存。

(6)豆芽的保存法　用大豆制作的豆芽营养丰富,炒食可口。豆芽由于处在营养生长的前期,买回的豆芽还会继续生长,接触阳光后叶片就转绿色,吃起来就乏味。所以,买回的豆芽最好当天就吃掉。如果没法当时吃掉,余留下来的鲜豆芽不要清洗,原封不动装入袋子里，放入冰箱冷藏层保存。但时间不能太久，最多也只能保存 2 天，否则即发烂变质。

(7)糕饼类绿豆制品的保存法　用绿豆制作的绿豆糕、绿豆饼等，由于淀粉、糖类含量高，很容易发酵变质。买回的产品应在包装物上标注的保质期内食用完。如果食用不完，可放在冰箱冷藏层，可保存一段时间。

第四章 粮豆食材科学搭配与食品加工

一、粮豆产品搭配食用的重要性

1. 追求膳食结构的合理性

近年来，联合国世界卫生组织提出“一荤一素一菇”可作为人类21世纪合理的膳食结构。“素”的主体是粮豆产品。欧美等发达国家新近又提出“膳食营养素参考摄入量(DRI)”的新概念，以替代以前提出的膳食营养素摄入量(RDA)。

我国自古以来就重视膳食的合理搭配。《黄帝内经》指出，“五谷为养，五果为助，五畜为益，五菜为充”的饮食观念。该书中的“五谷”指的是“大米、小豆、麦、大豆、黄黍”。随着时代的推移，人们公认的五谷指的是“稻谷、麦子、高粱、大豆、玉米”。将“五谷”列为四个“五”之首，说明五谷是最基本、最大量的营养食品。

随着社会的进步，人们对每日应摄入哪些营养素，摄入量多少要求具体化，以便合理搭配保健康。自1998年起，中国营养学会组织各部门的专家，成立中国居民膳食营养素参考摄入量的专家委员会，经两年多的努力，终于在2000年5月制订出“中国居民膳食营养参考摄入量(DRIs)”，相关参考值研究得较细，内容包括四大项：平均需要量(EAR)；推荐摄入量(RNI)；适宜摄入量(AI)；可耐受最高摄入量(UL)。能量和蛋白质的每日推荐摄入量(RNIs)及脂肪供能比见表4-1，常量和微量元素占每日推荐摄入量或适宜摄入量见表4-2，脂溶性和水溶性维生素的每日推荐摄入量或适宜摄入量见表4-3，某些营养素的每日可耐受最高摄入量(ULs)见表4-4。

表 4-1　能量和蛋白质的每日推荐摄入量(RNIs)及脂肪供能比

年龄(岁)	能量的 RNIs(MJ/kg·d)#		蛋白质的 RNIs(g)*		脂肪占能量百分比/%
	男	女	男	女	
0~	0.4(95)*				45~50
0.5~	0.4(95)*		1.5~3.0(g/kg·d)		35~40
1~	4.60(1100)	4.40(1050)	35	35	
2~	5.02(1200)	4.81(1150)	40	40	30~35
3~	5.64(1350)	5.43(1300)	45	45	
4~	6.06(1450)	5.83(1400)	50	50	
5~	6.70(1600)	6.27(1500)	55	55	
6~	7.10(1700)	6.67(1600)	55	55	
7~	7.53(1800)	7.10(1700)	60	60	25~30
8~	7.94(1900)	7.53(1800)	65	65	
9~	8.36(2000)	7.94(1900)	65	65	
10~	8.80(2100)	8.36(2000)	70	65	
11~	10.04(2400)	9.20(2200)	75	75	
14~	12.00(2900)	9.62(2400)	85	80	25~30

续表 4-1

年龄(岁)		能量的 RNIs(MJ/kg·d)#		蛋白质的 RNIs(g)*		脂肪占能量百分比/%
		男	女	男	女	
18～ 体力活动 PAL▲	轻	10.03(2100)	8.80(2100)	75	65	20～30
	中	11.29(2700)	9.62(2300)	80	70	
	重	13.38(3200)	11.30(2700)	90	80	
	孕妇		+0.84(+200)		+5,+15,+20△	
	乳母		+2.09(+500)		+20	
50～ 体力活动 PAL▲	轻	9.62(2300)	8.00(1900)			20～30
	中	10.87(2600)	8.36(2000)			
	重	13.00(3100)	9.20(2200)			
60～ 体力活动 PAL▲	轻	7.94(1900)	7.53(1800)	75	65	20～30
	中	9.20(2200)	8.36(2000)			
70～ 体力活动 PAL▲	轻	7.94(1900)	7.10(1700)	75	65	20～30
	中	8.80(2100)	8.00(1900)			
80～		7.74(1900)	7.10(1700)	75	65	20～30

注:1. #各年龄组能量的 RNI 与其 EAR 相同,()内为 RNI/kcal 值;*为 AI,非母乳喂养应增加 20%;▲PAL,体力活动水平;△表示孕早、中、晚期分别增加 5、15、20。凡表中数字缺乏之处表示未制定该参考值。2. MJ/kg·d 为兆焦耳/千克·天。

表 4-2　常量和微量元素的每日推荐摄入量或适宜摄入量

年龄(岁)	适宜摄入量(AI)							推荐摄入量(RNI)				适宜摄入量(AI)				
	钙 Ca (mg)	磷 P (mg)	钾 K (mg)	钠 Na (mg)	镁 Mg (mg)	铁 Fe(mg) 男	铁 Fe(mg) 女	碘 I (μg)	锌 Zn(mg) 男	锌 Zn(mg) 女	硒 Se (μg)	铜 Cu (mg)	氟 F (mg)	铬 Cr (μg)	锰 Mn (mg)	钼 Mo (mg)
0～	300	150	500	200	30	0.3		50	1.5		15(AI)	0.4	0.1	10		
0.5～	400	300	700	500	70	10		50	8.0		20(AI)	0.6	0.4	15		
1～	600	450	1000	650	100	12		50	9.0		20	0.8	0.6	20		15
4～	800	500	1500	900	150	12		90	12.0		25	1.0	0.8	30		20
7～	800	700	1500	1000	250	12		90	13.5		35	1.2	1.0	30		30
11～	1000	1000	1500	1200	350	16	18	120	18	15.0	45	1.8	1.2	40		50
14～	1000	1000	2000	1800	350	20	25	150	19	15.5	50	2.0	1.4	40		50
18～	800	700	2000	2200	350	15	20	150	15	11.5	50	2.0	1.5	50	3.5	60
50～	1000	700	2000	2200	350	15		150	11.5		50	2.0	1.5	50	3.5	60
孕妇 早期	800	700	2500	2200	400	15		200	11.5		50					
孕妇 中期	1000	700	2500	2200	400	25		200	16.5		50					
孕妇 晚期	1200	700	2500	2200	400	35		200	16.5		50					
乳母	1200	700	2500	2200	400	25		200	21.5		65					

注：凡表中数字缺乏之处表示未制定该参考值。

表 4-3　脂溶性和水溶性维生素的每日推荐摄入量或适宜摄入量

年龄（岁）	推荐摄入量(RNI) 维生素A(ugRe) 男	女	维生素D (μg)	适宜摄入量(AI) 维生素E (mg)	推荐摄入量(RNI) 维生素B_1(mg) 男	女	维生素B_2(mg) 男	女	烟酸(mgNE) 男	女	适宜摄入量(AI) 维生素B_6 (mg)	维生素B_{12} (μg)	推荐摄入量(RNI) 叶酸(μgDFE)	维生素C (mg)	适宜摄入量(AI) 泛酸(mg)	生物素(μg)	胆碱(mg)
0～	400(AI)		10	3	0.2(AI)		0.4(AI)		2(AI)		0.1	0.4	65(AI)	40	1.7	5	100
0.5～	400(AI)		10	3	0.3(AI)		0.5(AI)		3(AI)		0.3	0.5	80(AI)	50	1.8	6	150
1～	500		10	4	0.6		0.6		6		0.5	0.9	150	60	2.0	8	200
4～	600		10	5	0.7		0.7		7		0.6	1.2	200	70	3.0	12	250
7～	700		10	7	0.9		1.0		9		0.7	1.2	200	80	4.0	16	300
11～	700		5	10	1.2		1.2		12		0.9	1.8	300	90	5.0	20	350
14～	800	700	5	14	1.5	1.2	1.5	1.2	15	12	1.1	2.4	400	100	5.0	25	450
18～	800	700	5	14	1.4	1.3	1.4	1.2	14	13	1.2	2.4	400	100	5.0	30	500
50～	800	700	10	14	1.3	1.4	13	1.5	2.4	400	100	5.0	30	500			
孕妇 早期	800		5	14	1.5		1.7		15		1.9	2.6	600	100	6.0	30	500
孕妇 中期	900		10	14	1.5		1.7		15		1.9	2.6	600	130	6.0	30	500
孕妇 晚期	900		10	14	1.5		1.7		15		1.9	2.6	600	130	6.0	30	500
乳母	1200		10	14	1.8		1.7		18		1.9	2.8	500	130	7.0	35	500

注：DFE 为膳食叶酸当量；NE 为烟酸当量；凡表中数字缺乏之处表示未制定该参考值。

表 4-4　某些营养素的每日可耐受最高摄入量(ULs)

年龄(岁)	钙 Ca (mg)	磷 P (mg)	镁 Mg (mg)	铁 Fe(mg)	碘 I (μg)	锌 Zn(mg)		硒 Se (μg)	铜 Cu (mg)	氟 F (mg)	铬 Cr (μg)	锰 Mn (mg)	钼 Mo (mg)
						男	女						
0～				10				55		0.4			
0.5～				30		13		80		0.8			
1～	2000	3000	200	30		23		120	1.5	1.2	200		80
4～	2000	3000	300	30		23		180	2.0	1.6	300		110
7～	2000	3000	500	30	800	28		240	3.5	2.0	300		160
11～	2000	3500	700	50	800	37	34	300	5.0	2.4	400		280
14～	2000	3500	700	50	800	42	35	360	7.0	2.8	400		280
18～	2000	3500	700	50	1000	45	37	400	8.0	3.0	500	10	350
50～	2000	3500▲	700	50	1000	37	37	400	8.0	3.0	500	10	350
孕妇	2000	3000	700	60	1000		35	400					
乳母	2000	3500	700	50	1000		35	400					

续表 4-4

年龄(岁)	维生素 A (μgRE)	维生素 D (μg)	维生素 B_1 (mg)	维生素 C (mg)	叶酸 (μgDFE)	烟酸 (mgNE)	胆碱 (mg)
0～				400			600
0.5～				500			800
1～			50	600	300	10	1000
4～	2000	20	50	700	400	15	1500
7～	2000	20	50	800	400	20	2000
11～	2000	20	50	900	600	30	2500
14～	2000	20	50	1000	800	30	3000
18～	3000	20	50	1000	1000	35	3500
50～	3000	20	50	1000	1000	35	3500
孕妇	2400	20		1000	1000		3500
乳母		20		1000	1000		3500

注：NE 为烟酸当量；DEF 为膳食叶酸当量；▲60 岁以上磷为 3000mg；表中数字缺乏之处表示未制定该参考值。

2. 追求营养搭配的科学性

上述膳食营养素摄入量可视作现阶段男女老少每天营养需求的目标。但粮豆产品碳水化合物、蛋白质、脂肪以及维生素、矿物质元素等的含量不可能完全符合上述每日膳食营养素摄入量的要求。因此，要强调食品不能单食，要多种食材搭配，科学煮炒，才能既吃出营养，又吃出健康。营养素如何搭配，下面将一一列举。

3. 追求"色香味"完整性

观其颜，闻其香，吃其味，是人们对饮食的完美要求。色香味俱全的食品，观之舒悦，食之可口，能刺激胃液的分泌，增加食欲，又有利于消化吸收。

4. 追求安全保健性

粮豆食品加工的选材首先要看这种产品是否安全卫生，起码是无公害产品，如果是绿色食品或有机食品则更佳。在这个前提下，除了要了解其营养价值，还要了解其保健功能。如马铃薯营养丰富，但种皮变绿或发芽，含有"龙葵素"有毒物质，吃了就不安全；魔芋块茎也有毒，吃了舌、喉灼热，痒肿，不经加工也不安全；紫米氨基酸比一般大米高70％以上，特别是其中的赖氨酸比一般大米高96％，硒含量高达17％以上，所以特具天然保健作用。

二、大米类营养保健食品的加工

1. 营养大米的烹饪与食用技巧

大米是五谷之首，米饭更是人们日常饮食中的主食之一。蒸煮米饭可能人人都会，但掌握些技巧，可以把米饭煮得更好。

(1)添盐油　煮饭时添加少量食盐、少许猪油，会使饭变得又软又松。

(2)滴醋　滴几滴醋，会使煮出来的米饭变得更加洁白和富有味香。

(3)蒸煮时间　掌握加热时间,适时停火,如果加热时间过长,维生素 B_1 会损失 30%以上。

(4)加料　蒸煮米饭(稀饭)时,如果添加红薯,煮成地瓜干饭或地瓜稀饭,或添加一二十粒花生,则更富营养,也更可口。作米饭要蒸而不要捞,因为捞饭会损失大量营养素。

(5)控量　米饭或稀饭由于含淀粉量比较高,淀粉易转化为糖,多食血糖升高。患有糖尿病的人不宜多食,医生建议每餐以60～100 克为宜。糖尿病患者应忌食粳米、糯米。

(6)配伍　糯米,特别是紫糯米是滋补品。糯米加红枣,温中祛寒;糯米加红小豆可改善脾虚腹泻和水肿。但如果用糯米加鸡肉,则不宜,因常引起胃肠不适,消化不良。

2. 籼米、粳米、糯米、黑(紫)米部分功能食品的搭配与制作

(1)猪肚粥

【原料】　大米 80 克,熟猪肚丝 100 克,葱、姜、盐、猪肚汤各适量。

【操作要点】　将大米淘洗后放入沙锅内,加猪肚丝和适量猪肚汤煮粥。粥熟后加葱、姜、盐调味即可。

【功用】　补虚健脾,消渴祛湿。

(2)猪血鱼片粥

【原料】　米粥 500 克(合大米 150 克),猪血 150 克,鲜鱼肉30 克,生姜、生葱、酱油、香油、胡椒粉各适量。

【操作要点】　米粥按常法煨煲。将凝结的猪血切成方块,放入沸水中煮约 3 分钟,熟透后捞出,用冷水冷却,沥干水,放入已煲好的粥内。然后再把粥煮沸。鱼肉切薄片,入沸水中焯透。姜、葱切丝,分别放入碗内,用酱油拌过,舀入煮沸的猪血粥加鱼片,再将香油、胡椒粉撒上即可。

【功用】　健脾和胃,补虚养血。

(3)糯米阿胶粥

【原料】　糯米 100 克,阿胶 30 克,红糖适量。

【操作要点】 先将糯米煮粥，待粥将熟时放入捣碎的阿胶，边煮边搅匀，稍煮2～3分钟至沸后加入红糖即可。

【功用】 养血止血，滋阴补虚，安胎，益肺，为女性调养佳品。

(4)蛋皮什锦饭

【原料】 糯米饭100克，鸡蛋3个，猪瘦肉50克，笋丁30克，水发香菇、熟青豆各15克，青葱、盐、淀粉、植物油各适量。

【操作要点】 ①将猪肉、香菇切丁，笋丁煮熟，猪瘦肉丁拌上盐。

②炒锅上火，放油烧热，下猪瘦肉丁、笋丁、香菇丁炒匀，然后倒入糯米饭翻炒，加盐调味，最后投入熟青豆炒匀，起锅做馅。

③鸡蛋打入碗中，加盐搅匀，拌入淀粉调成糊。

④将鸡蛋糊摊成薄饼，中间放一半糯米馅，将圆饼两边向中间对折起锅。

⑤依法再将另一半鸡蛋糊和糯米馅制成蛋卷，两个蛋卷装一盘即可。

【功用】 健脾养血，益气降糖。

(5)猪油豆沙八宝饭

【原料】 糯米250克，蜜枣片、桂圆肉片、青红丝、糖莲子、青梅片、猪板油丁、瓜子仁、白糖、豆沙、熟猪油各适量。

【操作要点】 ①将糯米淘洗干净，放入清水中浸泡2～3小时，捞出，放入垫屉布的笼屉中，摊平，盖严，用大火蒸熟出笼，倒入瓷盆中，加熟猪油和白糖拌匀。

②取一只大碗涂匀熟猪油，摆上桂圆肉片、蜜枣片、青红丝、瓜子仁、糖莲子、猪板油丁和青梅片，呈各种鲜艳美观的图案。

③将一半糯米放入摊开，中间放入熟猪油、豆沙，再把另一半糯米放上压牢，上笼用大火蒸熟至油、糖、饭融合在一起后出笼，第二天再入笼蒸透，经过三次复蒸，饭呈红色时扣在盘中，取出装入碗内即可。

【功用】 健脾开胃，益气强筋。

(6)糯米奶黄包

【原料】 干糯米粉 70 克，白糖 80 克，奶粉 15 克，熟猪油 5 克，椰丝 8 克，鸡蛋 1 个，麦淀粉、面粉各 10 克，白脱油（黄油）30 克。

【操作要点】 ①将干糯米粉放砧板上围成粉塘，加入适量白糖、熟猪油、适量奶粉，沸水拌匀，揉成糯米粉团。

②鸡蛋打入碗内，加白糖、白脱油、麦淀粉、奶粉、面粉、清水，搅拌均匀，再加适量温开水搅成糊状，然后上笼蒸片刻，制成奶黄馅。

③糯米团搓成长条，切成段，用手指将粉团段捏成酒盅形，包入奶黄馅，收拢口，再搓成长圆形，做成糯米糍坯，然后放入沸水锅煮熟取出，沥水，滚上椰丝后装盘即可。

【功用】 补中益气，滋阴润燥。

(7)米枣泥松糕

【原料】 糯米粉、大米粉、红枣各 250 克，豆沙 150 克、猪板油、熟猪油各 50 克。

【操作要点】 ①将红枣洗净放入锅内，加水煮烂后，除去外皮、枣核，捣成枣泥，枣汤留用，将猪板油剁成碎末。

②将枣泥、豆沙、熟猪油和猪板油末放入盆内，用热枣汤拌匀，再加入糯米粉和大米粉，搅拌均匀，即为糕泥坯。

③将一个大瓷碗擦干，碗内抹上一层熟猪油，再倒入拌好的糕泥，铺成 2 厘米厚左右，用手抹平，上屉用大火蒸 50 分钟即熟，取出晾凉后切成菱形块即可。

【功用】 健脾养血，利湿降糖。

(8)鲜肉粽子

【原料】 糯米 500 克，猪瘦肉 250 克，猪肥肉 100 克，净粽叶、酱油、盐、白糖、料酒、葱末、姜末各适量。

【操作要点】 ①将糯米洗净，加适量酱油、盐、白糖拌匀，晾

3～4 小时。

②把猪瘦肉、猪肥肉洗净，瘦肉切成小方块，肥肉切成石榴米状，然后用酱油、料酒、葱末、姜末拌匀，腌渍 1 小时。

③用净粽叶包糯米及肉丁，入锅煮 3～4 小时，再用小火焖 2～3 小时即可食用。

【功用】 补益肝肾，益气固表。

(9)黑米红枣桂圆粥

【原料】 黑米 30 克，大米 70 克，红枣 8 个，桂圆 16 颗。

【操作要点】 ①将黑米、大米淘洗干净，用清水浸泡半小时。

②红枣和桂圆干用水冲洗干净。

③黑米、大米放入陶瓷煲中，加入适量清水，中火煮沸，将红枣和桂圆干加入，转小火熬制 45 分钟左右即可。

【功用】 具有补气养血、清热利水、补血安神的作用。

(10)大米金银花薏米粥

【原料】 大米 100 克，金银花、薏米各 20 克，芦根 30 克、冬瓜子仁、桃仁各 10 克。

【操作要点】 将金银花、芦根、薏米、冬瓜子仁、桃仁用冷水浸泡半小时，加水煎煮 15 分钟，去渣取汁，再与淘洗净的大米一起煮成稠粥即可。

【功用】 清热化痰，健脾利湿。

(11)黑红豆鲤鱼粥

【原料】 鲤鱼 1 条(重约 500 克)，大米 100 克，黑豆、红小豆各 50 克，葱花、生姜末、熟猪油、胡椒粉、黄酒、盐各适量。

【操作要点】 ①将鲤鱼用清水洗一遍，去鳞、鳃及内脏，洗净待用。

②黑豆、红小豆去杂质，洗净待用。

③将鲤鱼放入煮锅内，加入葱花、生姜末、黄酒、胡椒粉及适量清水，用大火煮沸，加入熟猪油，转用中火煮至鱼肉熟烂，用汤

筛滤去鱼刺。

④把淘洗干净的大米、黑豆、红小豆一起放入鱼汤内，添入适量清水，大火煮沸，改用小火煮至米开花、豆烂时，调入盐即可。

【功用】 健脾开胃，清热解毒，利湿退黄。

(12)糯米豌豆绿豆粥

【原料】 糯米 150 克，豌豆、绿豆各 50 克，白糖适量。

【操作要点】 将豌豆、绿豆放入碗内，用清水浸泡 4 小时备用。糯米淘洗干净。将豌豆、绿豆放入锅内，加入适量清水，用大火烧沸后，改用中火煨煮 30 分钟，加入淘净的糯米，待其煮沸 10 分钟，转小火熬至黏稠，加入白糖调味即可。

【功用】 清热消暑，补中益气。

(13)糯米枸杞百合粥

【原料】 糯米 100 克，枸杞子 15 克，百合 35 克，红糖 30 克。

【操作要点】 洗净枸杞子，百合去尖，洗净；糯米淘洗干净，放入沙锅中，加入百合与枸杞子以及适量清水，小火煨粥。粥成时加入红糖，拌匀即可。

【功用】 清心安神，润肺止咳，丰肌泽肤，乌发固齿，滋补肝肾。

(14)大米首乌红枣粥

【原料】 大米 90 克，首乌 60 克，红枣 10 个(去核)，红糖适量。

【操作要点】 大米、首乌、红枣洗净后放入锅内，加清水适量，大火煮沸后，小火煲成粥，加入红糖即可。

【功用】 具有补气血，益肝肾，黑须发，美容颜等功效。

(15)大米芝麻三合泥

【原料】 糯米 200 克，大米 150 克，黑芝麻、核桃仁各 75 克，黑豆、绿豆各 35 克，白糖 350 克，熟猪油 350 克。

【操作要点】 ①将糯米、大米、黑豆、绿豆分别用 60℃的温水发涨,沥干水分,待水干后,入油炒锅内炒熟。

②用石磨磨成细粉,用丝罗筛筛过细粉待用。黑芝麻炒熟,核桃仁用沸水泡发后,用油炸脆,压成碎粒,三合粉用沸水调匀。

③炒锅置中火上,加入熟猪油再下三合泥糊,不断翻炒,炒至水汽干,见吐油时,加糖炒酥起锅。装盘后撒上酥核桃仁、熟芝麻即可。

【功用】 补脾养肾,益胃。糯米、大米均能补脾养胃;黑芝麻滋阴、填精、明目、乌发、润燥;核桃仁补肾壮阳、润肠;绿豆清热解毒利水;黑豆活血利水解毒。诸品合用补益脾肾,滋阴助阳,利水通便。经常便秘者亦可经常食用。

(16)大米牛筋粥

【原料】 大米 100 克,牛蹄筋 50 克。

【操作要点】 将大米,牛蹄筋洗净,加水至 1000 毫升,先煮沸,改小火煨成浓稠粥,粥成可适当调味食服之。

【功用】 温脾胃,益肝肾,强筋,益气,固膝,固齿。

三、麦面类营养保健食品的加工

麦面类主要指小麦、大麦、燕麦、荞麦,分为家常面食和保健麦食。

1. 家常面食的加工

面粉制作的食品有蒸食、煮食、烙食、炸食、烤食和凉食等数十种。下面列举一些家庭常用面食的制作方法。

(1)馒头

①原料。面粉 500 克,酵母 3 克左右,水 200 毫升(量大或量小,均可参照此量的比例配料)。

②和面。将酵母粉用少许温水(35℃左右)调成溶液,均匀倒入面粉中,再分次加入适量温水,将其与面粉揉成表面光滑、不粘

手、有弹性的面团。

③发酵。用湿纱布或保鲜膜将面团包(盖)起来，置于温暖处发酵。发酵最适温度为 27℃～30℃，发酵时间夏天为 2 小时左右，冬天 4 小时左右，春、秋 3 小时左右。发酵至面团是未发酵前的两倍大即可。判断发酵是否恰到好处的简单的办法是用手指蘸上面粉插入面团中，如果手指抽出后，指印周围的面团不反弹、不下陷，说明发酵刚好；如果面团迅速反弹，说明发酵时间不够；如果面团迅速下陷，说明发酵过度。

④整形。将面团再揉一次，放在撒些面粉的案板上，揉成长条形(可横切一刀，如果没有明显的气泡，说明面已揉合成功)，再按各自的要求，切成大小合适的块。

⑤醒发。整形后盖上湿布醒发，时间冬天约 30 分钟，夏天约 20 分钟。用指头轻按生坯，如有无弹性表明醒发程度是否达到要求。

⑥蒸制。加水入锅，铺湿布于笼屉上，大火烧沸水，再将生坯依次整齐放入笼屉中，生坯之间相隔 1.5～3 厘米，盖上锅盖，大火蒸 10～15 分钟(生坯小为 10 分钟，生坯大为 15 分钟)。关火后再停 3 分钟，即可取出馒头。

(2)饺子

①饺子皮的制作。将 2/3 用量的中筋面粉放入容器中，在面粉中挖一个凹槽，缓慢倒入水，用手抓捏面粉，揉成面团；再在案板上撒下剩余的 1/3 中筋面粉，放上面团用力揉捏至表面光滑；而后用刀将面团分切成条块，搓成直径约 2 厘米的圆条，再将圆条切成约 2 厘米见方的小块，揉成圆形再压成圆饼状；再用擀面棍擀成直径约 7 厘米的饺子皮。

②饺子馅料的制作。以猪肉白菜料为例。配 30 张饺子皮的原料：猪肉 250 克，白菜 4 片叶子，葱 1 根，盐 2 勺、糖 1 勺。制作：先把白菜切碎，加盐杀青 5 分钟，再用凉水浸泡 1～2 分钟，捞出

晾干后放入容器中；加入切碎的肉、葱和碎白菜，搅拌均匀即可。

③饺子煮法。饺子皮放入馅料，包捏成形。煮锅内放水再加1勺盐，烧沸后放入包好的饺子，翻搅使之不贴锅边，加盖煮沸，再倒入1碗凉水；再煮沸，又倒入1碗凉水；加盖再煮至沸腾，开盖再煮1～2分钟即可捞出食用。

(3)炒线面

【原料】 主料：线面、干香菇、鲜虾、胡萝卜、圆白菜；辅料：葱、姜、鸡粉、酱油。

【操作要点】 ①将一锅水烧沸，放入线面煮约2分钟，捞出，用清水冲凉后沥干备用。

②将鲜虾洗净，去头剥壳剔去沙线，用少许料酒和盐腌制。

③干香菇、胡萝卜（去皮）、圆白菜分别切丝。

④起锅热油，爆炒香葱后放入鲜虾再炒几下，而后放入香菇、胡萝卜、圆白菜丝翻炒，加入适量的鸡粉、酱油和高汤，炒熟配料，再放入线面，翻拌均匀，即可出锅食用。

2. 小麦、大麦、荞麦、燕麦部分营养保健食品的搭配与加工

(1)麦枣糯米粥

【原料】 小麦100克，红枣15个，糯米50克。

【操作要点】 将小麦、红枣、糯米分别洗净，一同入锅，加水适量，先用大火烧沸，再转用小火煮成稀粥即可。

【功用】 养心安神，除烦止渴。

(2)麦麸陈皮小米粥

【原料】 麦麸30克，陈皮10克，小米100克。

【操作要点】 先将麦麸、陈皮去杂、晒干或烘干，研成细末备用。将小米淘洗干净，放入沙锅，加水适量，大火煮沸，改用小火煮20分钟，调入麦麸末、陈皮细末，搅拌均匀，继续用小火煮至小米酥烂、粥稠即可。

【功用】 健脾理气，和血降脂。

(3)麦麸薏米红枣羹

【原料】 麦麸、薏米各50克，莲子20克，红枣15个。

【操作要点】 将麦麸放入炒锅内，小火反复炒香，研成细末。将薏米、莲子、红枣用冷开水浸泡片刻，红枣去核后，三味同入锅，加水适量，先用大火煮沸，改小火煮至莲子熟烂，薏米、红枣呈羹糊状，调入麦麸末，搅拌均匀即可。

【功用】 具有健脾利湿，养心益血，补虚健体的功效。

(4)大麦羊肉面片

【原料】 羊肉、大麦面各150克，草果1个，黄豆粉100克，生姜、胡椒粉、盐、味精各适量。

【操作要点】 ①将羊肉、草果洗净，去掉羊肉表面的白色筋膜。

②生姜洗净，拍碎备用。

③将大麦面、黄豆粉混合在一起，加水揉成面团，再擀成面片备用。

④将羊肉放入锅内，加入适量清水，大火烧沸后转用小火煮至肉熟，然后将羊肉捞出，再放入面片、草果，煮熟后放入羊肉，再加入胡椒粉、盐、味精、生姜调味即可。

【功用】 具有补虚益气，活血化瘀，温中暖阳的保健功效。

(5)大麦黄豆煎饼

【原料】 大麦仁500克，黄豆200克。

【操作要点】 将大麦仁、黄豆分别去杂，用清水洗净，研磨成粉后，加入适量清水，将其调制成稀糊后混匀。煎锅烧热，用勺盛稀糊入锅，摊成一张张很薄的煎饼即可。

【功用】 具有宽中化积、温中暖阳的保健功效。

(6)荞麦绿豆粥

【原料】 荞麦、绿豆各100克，大米50克，小茴香、盐各适量。

【操作要点】 荞麦、绿豆、大米、小茴香分别去杂，洗净，晒干或烘干，研成细末。将全部用料一起放入沙锅内，加清水适量，用大火煮沸后，改小火煮成粥，加入盐拌匀，再稍煮片刻即可。

【功用】 清热消暑，健脾除湿。

(7)荞麦面蒸饼

【原料】 荞麦面粉 400 克，酱油、醋、蒜蓉、辣椒油、芝麻酱各适量。

【操作要点】 将荞麦面粉倒入盆内，加水和成硬面团，再制成 8 个面饼。芝麻酱加水调匀。蒸屉上铺好湿布，将和好的荞麦面饼均匀地摆在屉内，待蒸锅水烧沸后，将屉放入蒸约 30 分钟，取出晾凉。食用时，将荞麦面饼切成 0.3 厘米厚的条，放入小碗内，加入酱油、醋、芝麻酱、蒜蓉、辣椒油即可。

【功用】 健脾利湿，消积宽肠。

(8)燕麦地黄糊

【原料】 燕麦面 150 克，生地黄 30 克，枸杞子 15 克。

【操作要点】 先将生地黄、枸杞子分别去杂，洗净，晒干或烘干，共研为粗末，与燕麦面混合均匀，用适量清水在大碗中搅拌成稀糊状，入沸水锅中，边加边搅拌，熬成稠糊状即可。

【功用】 清热解毒，补益肝肾，降血糖、血脂。

(9)燕麦银耳

【原料】 燕麦片 100 克，水发银耳 50 克，胡萝卜 1 根，葡萄干、枸杞子各 10 克，白糖适量。

【操作要点】 ①胡萝卜、银耳、葡萄干、枸杞子洗净。胡萝卜切丁，银耳切小块。

②胡萝卜丁、银耳置于锅内，加适量清水煮沸，加入燕麦片，再煮。粥将成时，加入枸杞子。

③食时加入白糖拌匀，撒上葡萄干即可。

【功用】 此粥富含多种维生素和矿物质，但热量并不高，不用担心发胖，而胡萝卜含有丰富的β-胡萝卜素，有美肤养颜的功效。

四、玉米营养食品的加工

1. 玉米部分家常营养食品的加工

(1)玉米面饼

【原料】 玉米粉 100 克，小米粉、糯米粉 60 克，何首乌粉、葛根粉各 30 克，红糖 20 克，葱花、姜末、盐、植物油各适量。

【操作要点】 将上述 5 种面粉混合均匀，并调入红糖，加适量温开水，揉合后分成 8 个粉团，擀成 8 个粉饼，揉擀过程中，加适量植物油及葱花、姜末、盐等。将平底煎锅置火上，加植物油适量，刷匀平底锅面，将粉饼逐个放入，用小火边煎边烘烤，待粉饼烤至酥香松软时即可。

【功用】 滋阴养血，补虚降脂。

(2)玉米羹

【原料】 嫩玉米 1000 克，鸡蛋清 4 个，黄酒 10 克，清汤 750 克，盐 1.5 克，味精 1 克，白糖 2.5 克，鸡油 15 克，菱角粉 75 克。

【操作要点】 ①玉米去皮、洗净，加白糖煮约 20 分钟取出，稍凉后，用不锈钢食匙刮下玉米粒，鸡蛋清打散。

②将铁锅置于炉上，放入清汤、黄酒、盐、味精、玉米粒，烧沸后，用菱角粉勾成薄芡，放入鸡蛋清，淋上鸡油拌匀，呈白、米黄两色，即可起锅装碗。

(3)玉米汁

【原料】 甜玉米、牛奶或蜂蜜少许。

【操作要点】 ①将甜玉米煮熟，除青涩味，用水果刀剥下玉米籽粒备用。

②将玉米粒放入榨汁机里，加入沸水，玉米粒与水的比例为1∶2.5，二者的高度不能超过榨汁机的1/2，否则，榨汁过程中汁液会溢出，榨汁时间视机型而定，一般为6～8分钟(如果会自动停下来的机型，可反复榨1～2次，以增加细稠度)。大约0.8千克的玉米粒，可榨一扎左右的玉米汁。

③榨好后可加点牛奶或蜂蜜味道更好。

2. 玉米部分保健食品的加工

(1)玉米排骨虫草花汤

【原料】 排骨50克、玉米棒一根、干虫草花10克，枸杞子30粒，姜几片(去皮)，食用盐适量。

【操作要点】 ①干虫草花(又称虫草菌、是人工培育出的蛹虫草，属药用真菌)洗净用凉水浸泡10分钟，排骨洗净后过水焯一遍，玉米切成块。

②将焯好的排骨入沙锅，加适量水，放入姜片，大火烧沸后，放入沥干的虫草花。

③转小火炖1.5小时，见汤汁明显变黄时，加入玉米和枸杞子，再炖半小时，出锅前加适量食盐即可。

【功用】 虫草花含蛋白质、氨基酸、虫草素、甘露醇、SOD、多糖等，能调节免疫功能、提高抗病能力。

(2)玉米须虾皮豆腐汤

【原料】 玉米须100克，虾皮30克，豆腐400克，紫菜5克，黄酒、盐、香油各适量。

【操作要点】 将玉米须加水煮20分钟，去渣留汁。虾皮用黄酒浸发后加水煮1分钟，再投入用沸水烫过的豆腐块，倒入玉米须汁，撒上撕碎的紫菜，加入盐、香油调味即可。

【功用】 清热利湿，补碘，补钙。

(3)玉米须山药粥

【原料】 玉米须50克,山药、小米各100克,白糖适量。

【操作要点】 先将玉米须洗净,晒干或烘干,研成极细末备用。将山药洗净,连皮切成黄豆粒小丁,与淘净的小米同入沙锅,加水浸泡片刻,大火煮沸后,改用小火煨煮成稀稠粥。粥将成时,调入玉米须末,拌和均匀,继续以小火煨煮10分钟,加入白糖搅匀即可。

【功用】 清热解毒,滋阴降糖。

(4)猪胰玉米粒汤

【原料】 猪胰1个,玉米50克,盐适量。

【操作要点】 将猪胰洗净,切成条,玉米粒洗净,一同放入锅中,加适量水和盐,用大火煮沸转用小火炖煮60分钟,直至猪胰熟烂即可。

【功用】 滋阴清热,润燥止渴。

(5)玉米山楂红枣粥

【原料】 玉米50克,山楂片10克,红枣15粒、小米100克,红糖20克。

【操作要点】 ①将玉米去杂,洗净,用冷开水泡发,研成玉米浆备用。

②将小米淘洗干净放入沙锅,加水适量浸泡30分钟,与洗干净的红枣一起用中火煮沸,调入玉米浆,拌和均匀,改用小火煨煮半小时,待小米酥烂、粥黏稠时,调入捣烂的山楂片,继续用小火煨煮至沸,拌入红糖即可。

【功用】 调中开胃,补虚降脂。

五、高粱食品的加工

1. 高粱部分家常食品的加工

(1)养生五米饭

【原料】 高粱米、薏米、红米、黑米、大米各70克,清水适量。

【操作要点】 ①将五种米混合,用水淘洗两次(用筷子搅拌,不要用手搓洗,以免营养物质流失)。

②将混合米浸泡45分钟(水量为水平面较米平面高约1厘米左右)。③浸泡完毕,打开电源,煮好后再焖20分钟,口感更佳。

(2)高粱紫薯粥

【原料】 高粱米100克,紫薯1 000克。

【操作要点】 ①将高粱米浸泡一个晚上,紫薯蒸熟,并压成泥。

②将高粱米冷水下锅,大火烧沸,再转小火,煮20分钟。

③将紫薯放入已煮过的高粱米锅中,再熬1个小时左右即可。

(3)高粱米面包

【原料】 高粱粉(米磨成粉)56克,高粉300克,低粉75克,黑糖37克,盐4克,速溶干酵母4克,黄油(无盐)15克、水250毫升。

【操作要点】 ①除黄油和高粱粉外,将所有材料混合,揉至光滑。添入软化的黄油,将面团搅拌至扩展阶段。加入高粱粉搅拌均匀,装盆,盖上保鲜膜,置于温暖处发酵至2倍大,平均分割,滚圆,盖上保鲜膜,松弛20分钟。

②将小面团用手摁成圆形,翻面,在面团的一半处分别折出三角形,两边折叠,两头捏紧,收边,收口处捏紧。整好形的面团放入烤盘,盖上保鲜膜,置于温暖处发酵40分钟。

③在面团的表面刷清水,并撒上高粱粉,然后放入烤箱预热180℃,上下火,中层,20分钟即可。

(4)高粱米三色糕

【原料】 高粱米(黏性)、糯米、黏小米各10克,大米70克,白糖 5 克，精盐 5 克，绿豆 100 克。

【操作要点】 ①分别将高粱米、糯米、黏小米、大米洗净，分别磨成粉，然后将大米分成三份，分别加入其他三种米粉里。

②将绿豆粗磨一下泡到水里，剥皮后放入笼屉里蒸成豆泥，再在上面撒点精盐。

③在上述准备好的三种米粉中，倒入掺了精盐和白糖的水，边用两手搓，边用筛子筛。

④蒸笼铺上湿纱布，在纱布上面铺上一层薄薄的绿豆粉，然后再铺上掺杂黏米粒的米粉，蒸 10 分钟左右。然后上面再铺一层绿豆泥，再在上面铺一层掺杂黏高粱米的米粉，再蒸 10 分钟左右。反复多次上面的程序后，再在最上面铺一层绿豆泥，之后再蒸 15 分钟左右，即可出笼装盘。

2. 高粱部分保健食品的加工

(1)高粱丹参粥

【原料】 高粱米 100 克，丹参 15～20 克，山楂 30 克，白糖适量。

【操作要点】 先将丹参、山楂放入沙锅中煎取浓汁、去渣，加入高粱米、白糖煮成粥即可。

【功用】 健脾胃，消食积，散淤血。

(2)高粱莲子猪肚粥

【原料】 高粱米 90 克，莲子 60 克，猪肚 100 克，大米 50 克，胡椒粉 3 克，盐 3 克。

【操作要点】 ①将高粱米炒至褐黄色有香味为止，除掉上面多余的壳。

②把猪肚、莲子、大米洗净，与高粱米一起放入锅内，加清水适量，大火煮沸后，小火煮至高粱米熟烂为度，用盐、胡椒粉调味即可。

【功用】 健脾温胃、涩肠止泻。

六、小米食品的加工

1. 小米家常食品的加工

(1)小米的特殊营养价值　小米中的蛋白质、脂肪、碳水化合物以及维生素、矿物质的含量都比较高，其中，淀粉含量约占70%，提供能量足；维生素 B_1 含量是大米的几倍，维生素 E 是大米的 4.8 倍；胡萝卜素含量为 0.12 毫克/100 克，其他粮食作物很少含有；膳食纤维是大米的 4 倍；矿物质含量也大大高于大米。因此，小米比大米更富营养。专家建议每餐 50 克即可。由于小米蛋白质中的赖氨酸含量很低，所以应与鱼、肉、蛋同食。

(2)小米家常食品　一般家庭常煮小米粥，配馒头、菜包、肉包等食用，也可根据个人体质需要，添加专用食物，提高饮食效果。小米加鸡蛋有助于体内蛋白质的吸收，小米加红糖可补虚补血，小米加黄豆有利于营养素的吸收，小米加杏仁可除腹胀、呕吐等。

2. 小米部分保健食品的加工

小米加一些专用食物，不仅有营养，而且还有保健功能。

(1)小米枣仁粥

【原料】　小米 100 克，枣仁末 15 克，蜂蜜 30 毫升。

【操作要点】　小米煮粥，待其将熟时下入枣仁末，搅匀。食用时加蜂蜜。

【功用】　补脾润燥，宁心安神。

(2)小米鲜牡蛎粥

【原料】　小米 60 克，鲜牡蛎 100 克，大米 80 克，生姜丝、熟猪油、酱油、盐、味精各适量。

【操作要点】　①将小米、大米拣去杂质，淘洗干净，放入沙锅内，加清水适量，煮粥。

②把牡蛎放入盐水中浸泡20分钟，清水洗净。

③等粥煮沸后，加入牡蛎、熟猪油、酱油、生姜丝、盐、味精，拌匀，改用小火煮至牡蛎熟烂即可。

【功用】 滋阴补肾，养心安神。

(3)小米鸡内金粥

【原料】 小米100克，红小豆50克，鸡内金15克。

【操作要点】 将鸡内金研为细末。红小豆、小米洗净入锅，加水适量，按常法煮粥，粥熟时加入鸡内金末，调匀即可。

【功用】 健脾养血，消食开胃。

(4)小米鲫鱼粥

【原料】 小米100克，鲫鱼1条(重约250克)，葱白、生姜末、盐、黄酒、香醋、香油各适量。

【操作要点】 ①将小米洗净。

②鲫鱼处理干净。

③将煮锅刷洗净，放入鲫鱼，加清水、黄酒、葱白、生姜末、香醋、盐，用大火煮沸后改用小火将鱼肉煮烂，用汤筛过滤，去渣留汁，加入小米煮成稀粥，滴入香油即可。

【功用】 清热解毒，益气健脾，利尿消肿。

(5)小米薏米绿豆羹

【原料】 陈小米60克，薏米、绿豆各30克。

【操作要点】 将陈小米、薏米、绿豆分别去杂，洗净后一同放入沙锅，加温开水浸泡片刻，等其涨后，用大火煮沸，改用小火煨煮1小时，煮至绿豆呈开花状，小米、薏米均酥烂成羹即可。

【功用】 清热解毒，润燥止渴，生津降糖。

(6)粟蹄鹌鹑羹

【原料】 小米30克，鹌鹑3只，马蹄(荸荠)粉15克，葱白2根，盐适量。

【操作要点】 ①将鹌鹑剖杀，去内脏、脚爪，洗净。葱白洗净,切葱花。

②马蹄粉用水湿润。小米淘洗干净,与鹌鹑肉、葱花一同放入锅内,加清水适量,大火煮沸后,小火煲 1 小时,加入湿马蹄粉搅匀,煮沸后,加盐调味即可食用。

【功用】 补虚助阳,温肾强筋。

(7)小米健脾茶

【原料】 小米 500 克,松仁、枣肉各 100 克。芝麻、大米、黄豆、绿豆、粗茶、核桃仁各 250 克,莜麦面 1 500 克,干姜、花椒各适量。

【操作要点】 先将小米、大米、黄豆、绿豆炒熟,与粗茶、芝麻混合均匀,并研为细粉。将莜麦面炒熟,加干姜、花椒共研成细粉末,与上述细粉混匀,入罐存放备用。将松仁、枣肉、核桃仁分别切碎,捣成泥糊状即可。

【功用】 滋补肝肾,健脾和血,润燥降糖。

七、甘薯(地瓜、红薯)营养保健食品的加工

1. 甘薯部分家常食品与风味小吃的加工

当前,甘薯多为搭配食用,很少全餐食薯或餐餐食薯。一般家庭甘薯加工多种多样,目前以地瓜稀饭、地瓜干饭,蒸甘薯、烤甘薯为主,制作简单,此处不赘述。这里,主要介绍一些甘薯风味小吃的加工。

(1)红薯葱饼 将红薯洗净蒸熟,去皮后捣成糊状,加等量的面粉和适量的温水、葱、花椒面、食盐等,拌匀,制成手掌大小的圆饼,放进平底锅,用油烙熟即成。该饼色泽金黄,葱香扑鼻,口感甜美。

(2)油炸薯条 将红薯洗净,去皮放入清水浸泡 1～2 分钟,接着切成截面约 1 厘米×1 厘米的薯条,再入沸水内烫 1 分钟;沥

干后，在油锅内炸1分钟左右，待薯条浸足炸透，捞起沥干；冷却至室温后迅即送冰箱冷冻，经冷冻处理便得到速冻油炸薯条，脆嫩爽口，清香甜润，既可零食，也可与其他菜配制出美味佳肴。

(3)红薯玉米糊

【原料】 红薯干250克、玉米粉150克。

【操作要点】 先将薯干洗净，玉米粉用冷水浸透和成稀糊后，将红薯干放入锅内加水适量煮至薯干熟烂，再将玉米粉糊徐徐下入锅内，并不断搅动煮至熟出锅即可食用。

【功用】 有养胃、润肠通便。

(4)红薯鸡蛋饭

【原料】 红薯、大米各250克，鸡蛋4个，素盐、素油各适量。

【操作要点】 先将大米、红薯一起放入锅内，加入适量的水烧沸后改用文火焖熟，再将鸡蛋打入锅内加入少许素盐，倒入热油锅内翻炒成块，再将焖好的红薯米饭拌均匀，即可食用。

(5)红薯豉汁蒸排骨

【原料】 红薯300克，豆豉50克，蒜头25克，排骨600克，葱段、生姜片、盐、白糖、酱油、黄酒、干淀粉、鸭汤、植物油各适量。

【操作要点】 将豆豉、蒜头、生姜片洗净后剁成蓉。炒锅上火烧热，放入适量植物油，将剁成蓉的原料放入，煸出风味时即成豉汁。排骨洗净切块放入盆中，加葱段、生姜片、豉汁以及盐、白糖、酱油、黄酒、干淀粉、鸭汤，拌匀后排列盆中，加上植物油，上笼蒸15分钟即可。

【功用】 健脾开胃、滋补肝肾。

(6)红薯鸡血豆腐汤

【原料】 红薯100克，豆腐300克，熟鸡血100克，水发黑木耳、熟瘦肉、熟胡萝卜各10克。鸡蛋1个，鲜汤、黄酒、酱油、盐、干淀粉、香油、葱花各适量。

【操作要点】 将红薯切成块，将豆腐、熟鸡血切成条，黑木耳、熟瘦肉、熟胡萝卜切成粗细相等的丝。锅上火，放入鲜汤，再放入以上原料，大火烧沸后，撇去浮沫，加入酱油、盐、黄酒，烧沸后，用干淀粉勾薄芡，淋入鸡蛋液，加入香油、葱花，盛入碗内即可。

【功用】 养血活血，祛风降压。

2. 甘薯部分营养保健食品的加工

(1)"低硫低糖低菌高水分"地瓜干加工新工艺

1)传统地瓜干加工存在的突出问题

①高硫。硫的来源除土壤和施含硫肥料外，主要是加工过程添加亚硫酸钠等含硫的护色防腐剂，烘干过程采用煤炭，煤炭在燃烧过程中产生大量二氧化硫被湿润的地瓜干吸收。经测定，产品中的二氧化硫含量可高达1300毫克/千克，大大超过国家规定的标准。二氧化硫进入人体后会转化为硫酸盐类，对人体的心、肝、胃、肠、脾等产生毒副作用。

②高糖。地瓜干传统加工过程多次浸(渍)糖，造成高糖。高糖能致病。我国蛀牙人数已近亿，糖尿病患者7000万人左右，肥胖症在城市已超过17%。这或多或少都与吸收过量的糖有关。因此，高糖地瓜干不受市场欢迎。

③高菌。由于家庭加工的卫生条件差，大肠杆菌等感染严重，致产品含菌量大大超过国家规定的标准。

④低含水分：产品含水分高易致腐败。为延长保质期，传统加工的产品一般含水分仅为16%左右，吃起来黏牙齿。

2)加工新工艺　针对上述四大问题，我们在超大现代农业集团的连城食品厂里，进行创新加工工艺研究，历经5年，已成功生产出"低硫低糖低菌高水分"的"三低一高"产品。关键工艺技术如下。

①"低硫"：改用柠檬酸等有机酸护色剂，乳酸钙硬化剂，乳酸盐防腐剂；改煤炭烘干为热风交换烘干；应用臭氧降解硫的技术。

经这三项技术的革新应用，使产品二氧化硫含量从＞600 毫克/千克降至≤20 毫克/千克，大大低于国家果脯硫含量标准，也低于要求最严格的日本标准(30 毫克/千克)。

②“低糖”：新工艺主要是研究出了用蔗糖等浸糖液新配方，采用负压—常压保温浸糖新工艺等，使产品的总糖含量降至 36% 左右，即成倍下降。

③“低菌”：研究出原料薯的臭氧杀菌技术，加工环境的臭氧超净处理技术，无菌真空包装技术，包装后的微波(分段)杀菌技术。经这一新工艺技术的处理，产品真菌数＜10 个菌落形成单位(cfu)/克，比对照降低 11 倍，达到绿色食品相应标准。

④“高水分”：主要技术是使用有机酸为主的新配方，以及采用连续履带式烘干脱水机，含水分可达 25%～30%，保质期达半年以上。产品好咀嚼，色、香、味俱佳。

用这套创新工艺加工的地瓜干系列产品已获得绿色食品证书，出口日本等国家和地区。消费者购买到这种产品，就可吃上卫生、安全、营养的放心食品。

加工“绿色”地瓜干系列产品，要有较多的机器设备支撑，所以，需要办厂，才能规模生产，出产品，创效益。

(2)红薯果脯

【原料】 薯块 50 千克，白糖 15～20 千克，蜂蜜 1～1.5 千克，柠檬酸 100 克，水 75 升。

【操作要点】 ①洗薯。选直径 5 厘米以上的鲜薯，将泥土洗净。

②去皮、切块。用去皮机或手工将皮去掉，切成长方、菱形等多种形状，长度不超过 5 厘米，不要切成细条，以防煮烂。切后用清水洗去薯块上的碎屑和淀粉。

③糖煮。切好的薯块加水、白糖、蜂蜜、柠檬酸，放入铜锅或不锈钢锅中，用旺火尽快把锅烧沸，约煮 30 分钟，以薯块熟而不

烂为宜。

④浸渍、控糖。将薯块和糖液一同出锅放入大缸内浸渍24小时，使薯块进一步吃糖。将浸渍的薯块捞出，单层平摊（不叠压）于笼屉上，把笼屉放在大盆上控去糖液。

⑤烘烤。把笼屉放入烘房烘烤，温度在60℃～70℃。烘烤时，应注意调整位置，勤翻动，连续烘烤12小时，薯块含水量降至16％～18％时出房。

⑥整形包装。将出房的薯块除去碎屑和不成形的小块，装入塑料袋内密封包装。

(3)香酥红薯片

【原料】 鲜红薯100千克，粗砂粒（或植物油）适量。

【操作要点】 香酥红薯片是采用红薯切片晒干后，用砂粒同炒或用油炸，使其呈膨胀发泡状态。其味香，质酥脆，独具风味。

①选薯。挑选新鲜红薯，除去霉烂变质部分。

②去皮、切片。用削皮机或人工削去皮层，再将其切成2厘米厚的薯片。

③清洗。将薯片置于清水中浸泡10分钟，洗去碎屑和淀粉。

④晒干。将洗净的薯片摊铺在帘上晒干。

⑤炒（炸）制。炒制——选用粗砂粒置于热锅上先炒至85℃，然后将薯片投入砂中，反复搅拌，炒15分钟后起锅，置竹筛上筛去砂粒，让半熟的薯片回饧一下，最后再置于97℃的热砂中，复炒至起泡发胀，起锅过筛即可。炸制——将晒干的薯片投入烧热的植物油锅内，将其炸黄起泡即捞出沥油，冷却后便可包装，最好真空包装，以防潮变质。

(4)红薯红枣发糕

【原料】 红薯粉1 000克，面粉、白糖各300克，苏打8克，红枣、芝麻、青红丝、香油各少量。

【操作要点】 将红薯粉、面粉、白糖、苏打用适量温开水调拌均匀，发酵完全后放入蒸笼内用大火蒸熟。离火晾至温热程度时，在其表面适当涂抹香油，撒上青红丝、芝麻、红枣，即成松软可口的红薯红枣发糕，切块食用。

(5)红薯饴糖

【原料】 红薯、大麦粉或谷芽粉、脱色粉(活性炭、食碱)。

【操作要点】 ①选料、清杂。选择无黑斑、无腐烂的鲜红薯或无霉薯干。鲜红薯洗去泥土，薯干拍打或冲洗，过罗筛去泥土和杂物。

②蒸煮。把清洗后鲜红薯或薯干(泡软、泡透的)放在蒸笼上蒸或锅内煮熟，蒸煮熟透，要求均匀无夹生。

③捣浆、调浆。把蒸煮熟透的红薯或薯干置于大瓷盆内用木棒捣成浆(有条件的可用打浆机)，将原浆加热水 1.5～3 倍拌成水浆，可用食碱调浆液，测试 pH 为 6.2～6.4 即可。

④糖化。调整后的浆液在 60℃左右，拌入事先准备好的大麦粉(或谷芽粉)6%～10%，入缸发酵糖化。糖化时，注意温度保持在 55℃～60℃(若温度不够，可在加大麦粉前先进行加温)，糖化 3～4 小时停止，搅拌均匀，

⑤过滤。将充分发酵糖化的浆液用纱布盛装，用力挤压过滤去渣，再加入少量水，充分搅拌成糊状，再装袋过滤。反复数次，直至滤液呈淡黄色、透明、无杂质的液体为止。

⑥脱色。将过滤后的液体再放入锅内，慢慢加热到 80℃左右，加入原红薯重的 2.5%比例的活性炭，充分搅拌，再继续加温使糖液升至 100℃，保持恒温 30 分钟左右，使糖液完全脱色为透明白色。

⑦去炭渣。脱色后的糖浆可趁热装入布袋过滤，去掉加入糖液中活性炭杂渣，以保持糖的纯洁。

⑧熬糖。将糖液再盛入清洁的锅中熬煮，使水分蒸发即可。

【用途】 直接食用味甘适口、营养丰富；更多的是用于无麻

糖、酥糖、糕点、罐头、糖果、饼干、乳精、果酱、面包、酥饼等食品加工,味道醇厚,成本低廉。

(6)红薯酥饼

【原料】 鲜红薯、食用油、白糖、石灰水、食用色素等。

【操作要点】 ①打浆。将鲜红薯去皮洗净,用打浆机打浆或切碎后用石磨磨成细腻的浆液。

②过滤。按1千克红薯浆加1升清水的比例,将薯浆水置于大缸中,加入澄清的石灰水,拌匀。石灰用量为鲜红薯重量的0.5%～1%。将薯浆水用滤布过滤除渣。

③沉淀。将过滤后的薯浆水静置12～24小时,除去黄水和浆水,即得到粗制红薯淀粉。

④干燥。将红薯淀粉块取出,置60℃～80℃的烘干机内烘干或晒干备用。

⑤蒸制。将红薯干淀粉加入适量清水搓成直径4～5厘米的长筒形,放入蒸笼蒸40～60分钟。

⑥切片。将蒸熟的粉团外表用适量食用色素加胭脂红或苋菜红等均匀上色后,摊放在簸箕中,晾至不粘刀即可,切成极薄的片,晒干备用。

⑦油炸。将晒干的红薯粉片放入沸油中炸至膨胀变酥,捞出。

⑧淋糖。按每千克油炸薯片加0.7～0.8千克白糖的比例,将白糖用少量清水溶解并煮至糖液滴入冷水中能成"珠"时即停止加热,趁热将糖液均匀淋在薯片上,再将薯片放入60℃烘箱中烘干或晒干,即为成品。

八、马铃薯(土豆)营养保健食品的加工

1. 巧吃土豆养生防病

马铃薯是食、菜兼用的食材,巧吃既营养又能防病。

(1)土豆既营养又能减肥　土豆富含营养素。营养学家测算，土豆的营养价值相当于苹果的3.5倍。但土豆本身脂肪含量仅为0.1%，肥胖者食用后，不仅不会增加脂肪含量，还会促使多余的脂肪渐渐代谢掉。因此，如能坚持每日有一餐只吃土豆，对减肥定有好处。

(2)常吃土豆防中风　专家指出，每周平均能吃5～6个土豆，患中风的危险性可减少40%，而且没有任何副作用。这是因为土豆富含维生素和钾。紧贴土豆皮下层部分的维生素含量占总量的80%；钾是钠的克星，可以防止高盐的摄入引起血压升高。两者均有助于降低中风的风险。

(3)巧吃土豆能防治胃溃疡和习惯性便秘　土豆富含的纤维素细嫩，对胃肠刺激小，有解痛及减少胃酸分泌的作用。将土豆粉10克用适量温开水调成稀糊状，餐前20分钟徐徐吞服，服后再左右侧位静卧片刻即可。

2. 马铃薯部分营养保健食品的加工

(1)土豆猪肉当归米饭

【原料】　土豆、大米适量，猪肉200克，当归15克，洋葱、胡萝卜、盐、酱油、胡椒粉各适量。

【操作要点】　①将大米做成干饭，将当归加水煎取药汁约50毫升，连渣保留备用。

②将猪肉炒熟，放入洋葱片、土豆丝、胡萝卜片，翻炒数下后倒入当归汁，放入盐、酱油、胡椒粉等调味，煮熟后即可与米饭一同食用。

【功用】　本品具有促进血液循环及新陈代谢的功效。

(2)土豆洋葱豆腐

【原料】　豆腐、土豆共400克，洋葱150克，花椒粉、大茴香、桂皮粉、生姜、酱油、黄酒、鸡汤、水淀粉、味精、盐、植物油各适量。

【操作要点】　将豆腐、土豆切成小长方块，用油炸成金黄色。

洋葱、生姜切成小长方条。炒锅上火，放植物油烧热，放入洋葱、大茴香、桂皮粉、生姜、花椒粉和酱油炝锅，然后将炸好的豆腐、土豆及黄酒、鸡汤入锅内焖一会儿，汤不多时放入盐、味精，用水淀粉勾芡即可。

【功用】 健脾益气，降脂降压。

(3)土豆鸡汁豆干

【原料】 土豆1个，豆干500克，老母鸡半只，盐、胡椒粉、葱段、生姜片、黄酒各适量。

【操作要点】 将老母鸡初加工后用清水洗净。土豆去皮切块。锅内加清水，下老母鸡，上火浇沸，撇去浮沫，加葱段、生姜片、黄酒，改用小火慢煮2小时以上，待老母鸡肉软烂、鸡汤鲜浓时，捞出鸡肉，用纱布将鸡汤过滤，除去杂质待用。豆干入热水锅焯水，去掉部分豆腥味，捞出沥干水分。汤锅洗净，倒入鸡汤，放入豆干、土豆块，再加适量盐，上火卤制，直至豆干吸收鸡汤鲜味并有咸味后，下胡椒粉，捞出，即可食用。

【功用】 健脾益气，滋阴补虚。

九、芋头营养保健食品的加工

1. 芋头营养保健特点

①淀粉颗粒细小。这种淀粉特别容易消化吸收。

②含有黏液蛋白。这种蛋白人体吸收后能产生免疫球蛋白。

③为碱性食物。这种食物能调整人体酸碱平衡。

2. 芋头部分营养保健食品的加工

(1)芋头小麦山药粥

【原料】 芋头100克，干山药片30克，小麦、糯米各50克，砂糖适量。

【操作要点】 芋头去皮，洗净，切成小丁，与山药、小麦、糯米及适量砂糖一同放入锅中，煮成稀粥即可。

【功用】 具有补脾胃、安心神、补肾固精的保健功效。

(2)芋头鸭煲

【原料】 芋头1/2个，米鸭1/2只，姜片20克，水600毫升，盐1小匙，椰奶100毫升，沙拉油适量。

【操作要点】 ①米鸭剁小块，放入滚水汆烫2分钟后捞出备用。

②芋头去皮洗净，切块备用。

③热油锅160℃，将芋头以小火炸约5分钟至表面酥脆，捞出沥干油分备用。

④热锅加适量沙拉油，放入姜片及剁好的鸭肉，用中火略炒。

⑤将炸好的芋头、炒好的鸭肉、水和调味料放入电饭锅内，按下"煮饭"键，煮至开关跳起，掀开锅盖捞出浮油及姜片即可。

(3)椰香芋头铜锣烧

【原料】 芋头400克，生鲜铜锣烧饼皮适量，牛奶100克，椰奶60克，奶油15克，全蛋1个，细砂糖50克，玉米粉10克。

【操作要点】 ①芋头洗净，去皮切片后放入蒸锅中，以大火蒸至完全熟透，取出压成泥备用。

②将牛奶、椰奶与奶油一起放入锅中，以小火煮至约85℃。

③将全蛋充分打散后，倒入混合均匀的细砂糖和玉米粉中拌匀，再加入做法②的材料搅拌均匀，以中小火边煮边搅拌至胶凝光滑状。

④加入芋泥拌至完全均匀后熄火放凉，放入冰箱冷藏至少15分钟。

⑤取生鲜铜锣烧饼皮，分别填入适量做法④的馅料，包夹好后，放入密封保鲜盒，移入冰箱冷藏，直接食用即可。

(4)芋头虾米粥

【原料】 芋头切成丁粒一碗，虾米2大匙，米或糙米一杯半，葱头、蒜头剁碎，香菜或青葱切段，油 2 大匙，盐、味精、胡椒粉各适量。

【操作要点】 ①炒锅烧热放油，加剁碎的葱头、蒜头和虾米炒香，加芋头丁炒一会，再加洗净的米一起炒。

②把做法①的原料倒入电饭锅里，水量按平时煮粥的量即可。

③煮至米饭软（依个人的喜爱），就可加盐、味精调味，再把香菜或青葱、胡椒粉撒上，即成芋头虾米粥。如果水量按煮饭的量放，即成芋头虾米饭。

(5)福州太极芋泥

【原料】 槟榔芋头，冬瓜糖，熟猪油，红枣，瓜子仁，樱桃。

【操作要点】 ①槟榔芋头煮熟后压成泥，红枣剥皮去核切碎分成两份，冬瓜糖切成米粒状。

②红枣碎末一份加白糖蒸 5 分钟取出。

③芋泥加白糖、适量熟猪油、清水搅至无小粒，蒸 1 小时，熟猪油倒在芋泥上。另一份红枣末及冬瓜糖米分别撒在芋泥的左右两边。

④微火加热熟猪油，蒸过的红枣末下锅搅拌成糊状后浇在芋泥上，用瓜子仁、樱桃在芋泥上装饰成太极图案即可。

十、魔芋营养保健食品的加工

1. 魔芋的营养保健特点

①富含葡萄甘露聚糖。这种物质具有强大的膨胀性和黏性，能填充胃肠，不饥饿，且热量极低，特适于糖尿病患者食用。

②富含氨基酸、矿物质和纤维素。

③为碱性植物，能调节人体酸碱平衡。

2. 魔芋部分营养保健食品的加工

(1)魔芋干豆腐皮汤

【原料】 魔芋 50 克，干豆腐皮 150 克，水发香菇、冬笋各 50 克，盐、葱花、生姜末、鲜汤、香油、精制植物油各适量。

【操作要点】 将干豆腐皮上笼蒸软，切成菱形片。香菇洗净，切成丝。魔芋、冬笋切成片。锅内放适量油，烧热放入葱、生姜煸香，随即添入鲜汤，加入盐、香菇丝、冬笋片、魔芋片、豆腐皮，烧沸后撇去浮沫，淋上香油即可。

【功用】 具有清热解毒、活血化瘀的保健功效。

(2)魔芋鲫鱼汤

【原料】 魔芋 200 克，黄豆芽 100 克，鲫鱼 250 克，盐、葱花、植物油各适量。

【操作要点】 黄豆芽洗净。魔芋洗净，切成片。鲫鱼去鳃、鳞及内脏，洗净。炒锅上火，放油烧热，下葱花煸炒，再放入黄豆芽，炒出香味时加适量水，大火烧沸后放入鲫鱼、魔芋，改小火炖至熟烂，加入盐调好味，即可出锅。

【功用】 具有滋阴润燥、健脾开胃的保健功效。

(3)香辣魔芋烧鸭

【原料】 鸭子 500 克，魔芋 200 克，姜片、葱各 10 克，香菜一小颗，干辣椒、八角、桂皮、花椒、盐、酱油、胡椒粉、生粉、料酒各适量。

【操作要点】 ①将鸭子剁成约 3.5 厘米见方的块，魔芋切块，放少许盐、酱油、胡椒粉、生粉、少许料酒腌 10 分钟。葱、香菜切粒备用。

②锅内放清水煮沸后，下入切好的魔芋块烧沸，捞出沥净水，去掉魔芋的碱味。

③锅内放油烧热，下入姜片、八角、桂皮、花椒、干辣椒，炒出

香味，放入鸭块、酱油、料酒炒上色，然后倒进沙锅，加清水，要没过鸭子，大火烧沸，改小火烧至熟烂。

④下魔芋块、精盐略烧入味，撒上葱花，香菜，装盘即成。

(4)魔芋豆腐煲

【原料】 老豆腐180克，金针菇80克，魔芋150克，竹笋160克，胡萝卜80克，蒜2瓣，小辣椒1～2个，姜片2片，食油、酱油、蚝油各10克，老抽、红糖各5克。

【操作要点】 ①先把金针菇、竹笋、胡萝卜洗净，魔芋切片，豆腐、竹笋、胡萝卜切块，备用。

②把豆腐用油炸至两面呈金黄色，然后在一口瓦煲里，下一点油，把蒜，姜片和辣椒爆香，加入胡萝卜、豆腐和魔芋稍微翻炒。

③加一杯水，把红糖、酱油、老抽和蚝油加入煮滚，然后转小火焖煮20分钟，再把竹笋和金针菇加入，再煮5分钟即可。

十一、山药营养保健食品的加工

1. 山药营养保健特点

(1)富含果胶 食用后能减少肠道内致癌物对肠道的刺激，预防消化道肿瘤。

(2)富含黏蛋白及多糖 食用后能防止动脉过早发生硬化，与矿物质结合，能形成骨质，并具有一定弹性。

(3)富含皂苷、淀粉酶、多酚氧化酶、游离氨基酸 可滋补身体，是病后康复佳品。

(4)是人体干扰素诱发剂 它能增加T淋巴细胞的活性，提高吞噬能力和免疫功能。

2. 山药部分营养保健食品的加工

(1)山药黄精炖乳鸽

【原料】 山药100克，黄精30克，乳鸽1只，枸杞子10克，葱段、姜片、料酒、盐、味精各适量。

【操作要点】 将乳鸽宰杀，去毛、内脏，在清水中充分洗净，捞出，沥水，切块，与山药、黄精、枸杞子同放大碗中，加水适量及葱、姜、料酒隔水炖1.5小时至熟，加盐、味精调味即可。

【功用】 山药为一种清补食品，有润肺，补虚，安神作用，更年期女性出现心神失养、神志恍惚、心烦失眠时最宜食用；黄精有滋阴养血、调和五脏作用；枸杞子具降火清肝、安神助眠功效；乳鸽蛋白质的含量丰富，氨基酸组成合理，具有营养滋补、强筋健骨、增进人体机能作用。

(2)山药八宝泥

【原料】 山药300克，熟猪肉200克，熟黑芝麻30克，炸核桃仁30克，炸花生仁30克，熟黑豆粉30克，橘红粒20克，蜜枣30克，蜜冬瓜条15克，白糖200克。

【操作要点】 ①将生山药洗净，入笼蒸熟，去皮压成泥。

②蜜枣切成粒，炒锅洗净，炙锅后放于中火上掺适量沸水，下入山药泥搅散，加入熟猪油150克，炒至吐油，随即加黑豆粉、核桃仁、花生仁、黑芝麻、橘红粒、蜜冬瓜条、蜜枣翻炒均匀，起锅入盘即可。

【功用】 补益滋润。山药补气滋阴，益脾肺肾；芝麻补肾生精乌发；大枣补气益脾，养血安神，其余均有滋补作用。本品兼固五脏元气阴津，补脾为主，保健用较适宜，但性偏黏腻，不宜多食，以免妨碍脾气运化功能。所以，湿盛、脾气不足者慎用。

(3)山药红小豆粥

【原料】 红小豆、山药各50克。

【操作要点】 用水将红小豆先煮至半熟，再放入山药煮成粥即可。

【功用】 健脾利水，益肺固精。

(4)山药猪肉汤

【原料】 肥瘦猪肉125克,生山药100克,枸杞子5克,天麻3克,大葱10克,姜10克,味精1克,盐2克。

【操作要点】 ①猪肉洗净,切成2厘米方块。天麻洗净泡发,切成薄片。姜、葱洗净,切条。

②净锅置大火上,放入适量清水及猪肉烧沸,撇净血沫,然后放入山药、天麻片、姜、葱,改成小火烧,快熟时,加入枸杞子、盐、味精焖几分钟即成。

【功用】 健脾滋肾益脑。猪肉能滋阴、润燥。生山药甘平,归脾、肺、肾经,益气养阴,补脾肺肾。枸杞子滋肾阴,天麻平肝潜阳。此品肉质肥软,汤汁味鲜,久服可使面色红润。

十二、大豆营养保健食品的加工

1. 大豆的营养价值

据测算,0.5千克大豆相当于1千克多的瘦猪肉,或1.5千克鸡蛋,或6千克牛奶的蛋白质含量,足见其营养价值之高,被誉为“食物之王”。

(1)植物蛋白含量高 大豆含蛋白质40%左右,有“植物肉”及“绿色牛奶”之美誉。与“动物蛋白”相比,有其独特性。大豆蛋白质中所含的必需氨基酸较全面,与谷物配食,丰缺可以互补。大豆富含赖氨酸,正好补充谷类赖氨酸不足的缺陷;而所欠缺的蛋氨酸,又可从谷物中得到补充。

(2)有益脂肪含量高 大豆脂肪含量为18%~20%。它比动物脂肪的优越之处是含胆固醇少,而含亚麻油酸及亚麻油烯酸等不饱和脂肪酸较多,使之具有降低胆固醇的作用;卵磷脂含量也较多,有助于神经系统的发育。

(3)矿物质含量高 大豆含钾、钙、磷、铁、钠等无机盐及必需的微量元素。每100克大豆含磷、铁、钙分别为571毫克、11毫克、367毫克。钙、磷对预防小儿佝偻病、骨质疏松症及神经衰弱等症有作用;铁可预防缺铁性贫血症。

(4)异黄酮、皂苷含量高　这是大豆所含的特异性元素。其作用能抑制一种刺激肿瘤生长的酶,阻止肿瘤的生长繁殖,尤以抑制乳腺癌、前列腺癌、结肠癌的效果更好。异黄酮是一种类似雌性激素的物质,能减轻女性更年期综合征。皂苷有明显降血脂、提高免疫力的作用。

(5)B族维生素等含量高　大豆中维生素 B_1、维生素 B_2 和烟酸等B族维生素含量比谷物多数倍,还含有胡萝卜素和丰富的维生素E。

2. 家庭自制豆芽的技术要点

豆芽也称芽苗菜,各种谷物、豆类、树类的种子都可以培育出可食用的芽菜。市场上最常见的是黄豆、绿豆的芽苗菜。如果一些家庭有兴趣,也可自己加工生产。黄豆芽与绿豆芽的制作技术大同小异。现以黄豆芽为例,介绍其制作技术要点。

(1)把好种子精选关　选择充分成熟、颗粒饱满、发芽率高、发芽势强的种子,剔除裂豆、碎豆、嫩豆、虫口豆以及其他杂物。贮藏时,受热高的"起油豆"、隔年豆等都不可用作豆芽的种子。

(2)把好浸豆关　浸豆是把精选的豆种倒进缸里,放满水(自来水即可,井水更好)上下搅动,用铁丝笊(或竹筛)捞去漂浮的豆子及杂物,再用水反复淘洗干净,浸泡半小时,再倒入制豆芽的容器内。容器的漏水孔须用蒲包条子填塞好,松紧标准以能顺利淌水,又不漏掉豆种为宜。装豆的容器只能装1/3的豆,之后还要淋一遍水。

(3)把好淋水关　淋水是生产豆芽关键的一环。豆子发芽时呼吸旺盛,产生大量的热量,如不及时排热,豆芽就会腐烂、发出酸臭味,所以,淋水散热是生产豆芽的关键。淋水的次数和分量要根据季节变化而增减。夏季气温高，一般 4 小时淋一次，如果室温保持在 22℃～25℃，可 6 小时淋一次，且要看水温（不超过 25℃），水温过高，或忽冷忽热，会使豆芽生长缓慢，出现弯曲，颜色变灰，生长期偏长。淋水的水温以 22℃为宜（以温度计测的水温为准，不要随便估算）。

(4)把好发芽均匀关 豆种在容器内，由于处于不同位置，水、光、温、气均有差异，如果不加以调节，会造成发芽速度不一致。改变这种“不一致”的操作方法：第一天浸种，第二天及第三天早上把容器内的豆种倒进缸里浸泡一会儿，并用手上下搅动均匀（一天只能洗一次），再捞出放入容器，用蒲包或草包（天气冷时用）盖好。至第四天，只淋水，不淘洗。此时，豆芽已在容器里生长，俗称“坐桶”。从浸种到芽长 1.8 厘米需 3～3.5 天。

(5)把好药液促芽关 芽长到 1.8 厘米时，是促芽的最好时期。促芽的自然方法是浇水保湿和调节温度。豆芽生长的最适温度为 21℃～27℃。夏天用冷水淋（灌）透，冬天用温水（25℃左右）淋透，再放炉灶旁。每天 1～2 次。切记促芽不要用激素类或其他化学物品。

待豆芽长到 5～6 厘米、根长 0.5～1.5 厘米、时间 7～10 天时，即可收到整齐一致的豆芽。一般 1 千克黄豆可收到 4～5 千克的黄豆芽，1 千克绿豆可收到 7～8 千克的绿豆芽。

3. 黄豆、黑豆、豆腐、腐竹、豆芽营养保健食品的加工

(1)豆芽猪血薏米羹

【原料】 黄豆芽 200 克，猪血 100 克，薏米 30 克，红糖 20 克。

【操作要点】 ①将黄豆芽用冷水浸泡片刻，去根须，洗净，入锅，加水适量，煎煮 1 小时，捞出豆芽，切碎，加煎汁研磨成黄豆芽糊。

②猪血先入锅，加水煮沸，捞出晾凉，切成 1 厘米见方的小块，与淘洗干净的薏米同入沙锅，小火煨煮至黏稠状。

③加红糖，调入豆芽糊，拌匀后继续煨煮至沸即可。

【功用】 健脾除湿，解毒补血。

(2)青椒南瓜拌豆腐

【原料】 豆腐 100 克，南瓜丁 120 克，青椒 30 克，香菜 10 克，香油、盐、味精、葱花各适量。

【操作要点】 将豆腐用沸水焯透，捞出晾凉，切成 1 厘米见方的丁。将青椒、南瓜丁用沸水烫一下，香菜均切成末，放在豆腐丁上，加入葱花、盐、味精、香油，拌匀即可。

【功用】 清热解毒，补充维生素 C。

(3)黄豆首乌烩猪肝

【原料】 猪肝 250 克，黄豆 50 克，何首乌 15 克，植物油、葱、姜、盐、白糖、味精各适量。

【操作要点】 何首乌加水煮沸 20 分钟，滤出汁水，锅加入适量植物油烧热，下黄豆煸炒出香味，倒入首乌汁，煮沸后下猪肝、姜、葱，并用小火焖煮至豆酥，加入盐、白糖、味精调味，起锅即可食用。

【功用】 可乌发、润肤。

(4)豆干海带炒蒜苗

【原料】 豆腐干 100 克，青蒜苗 120 克，海带 100 克，盐、味精、生抽、植物油各适量。

【操作要点】 ①将青蒜苗去根、老叶，清水洗净后捞出，沥干水分，切成寸段。

②水发海带煮熟切丝，豆腐干切片备用。

③锅中放油烧热，放入青蒜苗煸炒呈翠绿色时放入海带丝、豆腐干、盐继续煸炒，加入少许味精调味即可出锅。

【功用】 豆腐干具有益气宽中、和胃健脾作用；海带有软化血管、降低血脂作用，尚含有丰富的碘、钾、钙、磷、锌、铁、锰、硒等，是生发、乌发、护发的理想食品。青蒜苗含有人体必需的大蒜辣素及微量元素锗，具有杀菌、消炎、生发作用，特别是蒜氨酸具有杀菌、美容、护发、生发作用。

(5)黑豆核桃养眼粉

【原料】 黑豆20克,核桃仁泥15克,牛奶50毫升,蜂蜜10毫升。

【操作要点】 黑豆炒熟,待冷后磨成粉。核桃仁炒微焦去衣,待冷后捣如泥。取以上两种食品各适量,冲入煮沸过的牛奶,加入蜜蜂拌匀即可。

【功用】 黑豆含有丰富的蛋白质与维生素 B_1 等,营养价值高,又因黑色食物入肾,配合核桃仁,可补肾,再加上牛奶和蜂蜜,这些食物含有较多的维生素 B_1、钙、磷等,能增强眼内肌力、加强调节功能,改善眼疲劳的症状。视力疲劳者如能较长时间服用,既能消除眼疲劳症状,又能增强体质。

(6)黑豆鸡蛋粥

【原料】 黑豆30克,小米100克,鸡蛋2个。

【操作要点】 三味同煮至鸡蛋完全熟透,去壳再煮至粥熟即可。

【功用】 具有滋补肝肾、补脾健中的保健功效。

(7)黑豆黄精汤

【原料】 黑豆、黄精各30克,蜂蜜半匙。

【操作要点】 ①将黄精、黑豆洗净,倒入沙锅内,加冷水3大碗,浸泡10分钟。

②大火烧沸,再用小火慢炖2小时,调入蜂蜜即可。

【功用】 补中益气,强肾益胃,降血糖,降血压。

(8)黑豆煨红枣

【原料】 黑豆100克,红枣15个,红糖10克。

【操作要点】 ①将红枣用温水浸泡片刻,再在清水中洗净,捞出,沥干水分备用。

②黑豆去除杂质,并在清水中充分洗净,放入锅中,加入适量清水,先用小火煮煨约30分钟。

③加入红枣、红糖,再继续烧煮约30分钟,直至黑豆酥烂时

离火，出锅即可。

【功用】 本品具有健脾益胃、活血利水的保健功效。

(9)黄豆煮猪肝

【原料】 干黄豆150克，猪肝200克，姜、葱、盐、味精、料酒、鲜汤、水淀粉、食用油各适量。

【操作要点】 ①将黄豆用温水浸泡2小时后在清水中洗净，放入高压锅中，加入适量鲜汤、姜、葱(拍破)，上火烧约15分钟。

②将猪肝切片，加适量盐、料酒、水淀粉拌匀，放入3～4成热的油中滑散捞出沥油，将黄豆连汤入炒锅中，拣出姜葱不用，调入盐、味精，沸后放入猪肝略煮，起锅装盘即可。

【功用】 此方具有补肝肾、强筋骨、清热解毒、利尿通便、清热润肺、定喘止咳的保健功效。猪肝中含有丰富的蛋白质、铁及维生素A、维生素B_1、维生素B_2、维生素C等营养成分，具有补肝、养血、明目的保健功效，同时可润肤、养颜。黄豆含有人体必需的多种氨基酸、矿物质和维生素A、维生素B、维生素E等，有补肾明目、降低胆固醇和延缓老化的作用。本品还适于秋季润肤养颜食用。

(10)腐竹白果粥

【原料】 腐竹100克，白果15克，大米150克。

【操作要点】 将白果去壳、心，在清水中充分洗净。腐竹在温水中泡发，洗净，切碎。大米去杂，洗净，放入锅内，加入适量水，再放入白果、腐竹，一同煮成粥，出锅即可。

【功用】 清热润肺，定喘止咳。

十三、绿豆营养保健食品的加工

1. 绿豆的营养特点与饮食宜忌

(1)绿豆主要营养特点

①蛋白质含量高。绿豆中蛋白质的含量高达22%～26%，是

麦面的2.3倍、大米的3.2倍、玉米的3倍、小米的2.7倍；而且人体必需的8种氨基酸含量全面，含量是禾谷类的2～5倍。

②B族维生素和矿物质丰富。绿豆中的维生素B_1是鸡肉的17.5倍，维生素B_2是禾谷类的2～4倍；钙是鸡肉的7倍，禾谷类的4倍；磷是禾谷类及猪肉、鸡肉、鱼、鸡蛋的2倍。

③含有众多生物活性物质。绿豆中含有皂苷、植物甾醇、生物碱、香豆素等生物活性物质。

(2)绿豆饮食宜忌 绿豆具有清热解毒、清暑益气、止渴利尿、抗菌抗过敏、降血脂、护肾脏等作用，一般人群都可食用；但素体阳虚、脾胃虚寒、呕吐泄泻者慎食；服补药时应禁食；传统经验指出，吃狗肉时忌食绿豆，否则会引起中毒。

2. 绿豆部分营养保健食品的加工

根据绿豆营养特点，绿豆与其他食材配伍，可以制作许多营养保健、甚至具有药疗效果的食谱。

(1)消暑三豆羹

【原料】 绿豆、红小豆、黑豆各20克。

【操作要点】 将以上三豆洗净，置于锅中，加入清水600毫升，用小火熬至200毫升，待其冷却，即可食用。

【功用】“三豆”的保健功能很多，既是食品又是药品，具有清热解暑、利水消肿之功效。

(2)瓜姜银芽

【原料】 酱乳瓜、酱嫩姜各25克，绿豆芽500克，青红甜椒、植物油、盐、黄酒、香油、味精各适量。

【操作要点】 ①将绿豆芽择去根须，在清水中洗净；将嫩生姜、乳瓜切成细丝；青红甜椒去蒂、籽，洗净，切丝备用。

②炒锅上大火，放入适量植物油烧至八成热，投入青红椒丝、乳瓜丝、生姜丝、绿豆芽翻炒均匀，再加入适量盐、味精、黄酒，煸炒调味，淋上适量香油，起锅装盘即可。

【功用】 清热开胃，消食祛淤。

(3)二豆降压糕

【原料】 绿豆粉、豌豆粉各500克，山药、核桃仁粉、枣泥，蜂蜜各50毫升，桂花10克，红糖、白糖各25克。

【操作要点】 ①先将山药、核桃仁分别洗净，晒干或烘干，研成粗末，放入碗中备用。

②锅置火上，加水适量，煮沸后加入红糖、白糖，溶化后加入桂花拌匀，缓慢调入绿豆粉、豌豆粉，边调入边搅拌，并调入山药、核桃仁粉，和入枣泥，视搅拌呈硬膏状，装入木格内，上笼蒸30分钟，晾凉后，贮入冰箱即可。

【功用】 滋阴补虚，利湿降压。

(4)绿豆红枣饮

【原料】 绿豆100克，红枣15个，红糖适量。

【操作要点】 将绿豆、红枣洗净入锅，加水适量，煮至豆烂，调入红糖即可。

【功用】 清热解暑，健脾护肝。

(5)绿豆海带红糖饮

【原料】 绿豆100克，海带30克，红糖适量。

【操作要点】 ①海带放入清水中浸泡12小时后洗净，切成丝。

②绿豆洗净，放入高压锅内，加适量清水煮沸，再加清水煮沸，如此反复3次，至绿豆开花，放入海带丝，再加适量清水，盖上锅盖，用高压锅煮30分钟，待自然冷却后，加入红糖，搅匀即可。

【功用】 清热、解暑、清瘀、降脂、降压。

十四、红小豆营养保健食品的加工

1. 红小豆营养的突出特点与饮食宜忌

(1)红小豆营养价值的突出特点 含有较多的皂苷；蛋白质

中的赖氨酸含量较高；膳食纤维含量较高；富含叶酸等。因而，红小豆可防治便秘、解毒消肿、健脾保胃，以及提高机体免疫力。

(2)红小豆饮食宜忌 红小豆一般人群均可食用。但不宜久食，久食易令人黑瘦结燥；尿多者忌食；被蛇咬伤者忌食百日；体质虚弱、肠胃较弱者不宜多食。

2. 红小豆部分营养保健食品的加工

(1)红小豆鲤鱼粥

【原料】 红小豆50克，陈皮、草果各6克，活鲤鱼1条(约700克)，大米、葱、姜、盐、胡椒粉各适量。

【操作要点】 将鱼去鳞、鳃及内脏，洗净，把红小豆、陈皮、草果洗净后塞入鱼腹中，再放入盆内，加姜、葱、胡椒粉、盐，加水适量炖汤。然后取鱼汤加入大米适量，煮成稀粥即可。

【功用】 具有健脾解毒、利尿消肿的保健功效。

(2)红豆鸡汁粥

【原料】 红小豆50克，母鸡1只，大米100克。

【操作要点】 将鸡剖洗干净，浓煎鸡汁，以原汁鸡汤分次同大米、红小豆煮粥，先用大火煮沸，再改用小火煮至粥熟即可。

【功用】 具有滋养五脏、补益气血的保健功效，适用于营养不良性水肿及老年体弱、病后、产后羸瘦、虚弱劳损等气血不足衰弱病者。但伤风感冒或发热者不宜食用。

(3)红小豆薏米粥

【原料】 红小豆100克，薏米60克。

【操作要点】 将红小豆、薏米洗净，拣去杂质，入沙锅内，加水适量，如常法煮粥，煮至豆烂粥稠即可。

【功用】 健脾利湿，和血排脓。

(4)红小豆百合杏仁粥

【原料】 红小豆60克，百合30克，杏仁15克。

【操作要点】 先将红小豆煮至半熟，放入百合、杏仁继续煮成粥即可。

【功用】 具有润肺止咳、利湿消肿的保健功效。

(5)红小豆山楂粥

【原料】 粳米半杯，山楂、红小豆各3大匙，南瓜100克，冰糖少许。

【操作要点】 ①将粳米、山楂、红小豆淘洗干净，用清水浸泡一夜；南瓜洗净后去皮并切成3厘米见方的小块。

②将浸泡好的粳米、山楂、红小豆放入锅内，加适量清水，大火烧沸转小火煮粥，待粥将熟时放入南瓜块煮沸，加冰糖，再用小火煮20分钟即可。

【功用】 降脂减肥，健脾祛湿。

十五、豇豆营养保健食品的加工

1. 豇豆的营养及功能

(1)豇豆的营养　豇豆含有淀粉、脂肪、蛋白质、烟酸、维生素B_1、维生素B_2，鲜嫩豆还含有抗坏血酸物质等。

(2)豇豆的功用　豇豆除有食用价值外，还具有健脾补肾等功效。

2. 豇豆部分营养保健食品的加工

(1)豇豆肉丝焖饼

【原料】 豇豆100克，面粉200克，全麦粉100克，猪脊肉、洋葱、土豆、番茄、姜、盐、黄酒、淀粉、香油、色拉油、生抽各适量。

【操作要点】 ①面粉和全麦粉揉成面团，饧20分钟。将饧好的面团做成剂子，两个剂子一面蘸上油，叠在一起，擀成薄饼，上锅烙熟，切成饼丝。

②猪脊肉切丝，加黄酒、淀粉、香油拌匀；豇豆洗净，切成寸段；土豆去皮，切成豇豆粗细的条；洋葱、番茄切丝。

③炒勺内放油，油热后爆香姜丝，放入猪肉丝煸炒至变白。

④烹入适量生抽，放入洋葱煸炒，炒出香味，放入豇豆和土豆一起翻炒均匀。

⑤放入番茄，加盐调味，加入适量清水，把饼丝盖在菜上，盖上锅盖，焖至收汁即可。

【功用】 豇豆中所含维生素C能促进抗体的合成，提高机体抗病毒的作用。豇豆的磷脂有促进胰岛素分泌、参加糖代谢的作用，是糖尿病患者的理想食品。

(2)番茄银耳拌豇豆

【原料】 豇豆200克，小番茄10个，银耳1朵，橄榄油、盐、醋、鲜味酱油各适量。

【操作要点】 ①豇豆择洗干净，开水焯熟后迅速捞出过凉水。

②小番茄切成两半；干银耳泡发洗干净，去蒂切小，然后在开水中稍微焯一下。

③焯好的豇豆切断，和切好的小番茄、焯好的银耳一起，加盐、适量醋、两滴鲜味酱油，倒适量橄榄油拌匀即可。

【功用】 清凉解毒、降脂清肠。

(3)豇豆蕹菜汤

【原料】 豇豆(嫩荚果)200克，蕹菜250克，食用油、盐少许。

【操作要点】 将嫩豇豆洗净，掰成小段，与洗净的蕹菜一起加水煎汤，再调以食用油和盐即可。

【功用】 具有健脾利湿、通利小便的作用。